儒教・仏教・道教

東アジアの思想空間

菊地章太

講談社学術文庫

はじめに

講談社の山崎比呂志さんが大学の研究室にたずねてきた。東アジアの儒教と仏教と道教をまとめて紹介する本を書かないかという。大それた企画である。……でもしばらく話をしているうちに、どうもこの編集者氏、中国やアジアに興味ある人とはなにかしらちがった雰囲気があるような気がしてきた。

「山崎さん、大学で何を専攻したんですか？」

「フランス文学。菊地さんは？」

「フランス美術」

なんだ、おたがいフランスかぶれか。どうりでちょっとヘンだと思った。

山崎さんが言うには、若いころはヨーロッパの文学や美術に関心があり、本を読んだり展覧会を見たりした。ヨーロッパにも旅行した。そうしているうちに、ヨーロッパ文化の大事な柱はキリスト教とギリシアだと思うようになってきた。さて、中年になってから中国の古典にも興味を持つようになったが、その根っこに何があるのか考えてみても、なんだか漠然としていてよくわからない。儒教なのか仏教なのか道教なのか、つかみどころがない。だからこの東アジアのなんともすっきりしないもやもやを解きほぐしてくれる本があったらいいのに、というのだ。

そんな本があるなら、まず私が読みたい。でも西洋かぶれが東洋をちょっとのぞいてみたら、……という感じでなら少し書けそうな気が、そのときなにげなくしてきたのだから、その浅はかさがあだとなる。こうなったら浅はかついでだ。いちばん言いたいことを言ってしまおう。

東アジアの思想空間はシンクレティズムの花園なり。——これが結論。

シンクレティズムとは「ごたまぜ」という意味である。儒教と仏教と道教がごたごたまぜまぜになっている。純粋ではない。けれどゆたかさがある。そしてこれこそが宗教というものの現実の姿ではないか。

概論風の論述では退屈してしまうので、つまみ食いのように儒・仏・道シンクレティック思想空間に分け入ってみたい。章ごとに儒・仏・道の重点は少しずつ異なるけれど、儒教が中心になったら次の章は仏教かはたまた道教、というふうに心がけた。最後の章で見取り図がまとまることをめざして。

西洋大好き・東洋今からという方、大歓迎です。西洋無関心・東洋一筋の方は、ギョッ、こんな妙な見方もあるのかとご笑覧ください。

目次

儒教・仏教・道教

東アジアの思想空間

第一章　シンクレティック東アジア
——宗教の実像を求めて

すぐにまざりたがる人々

シンクレティズム（syncretism）という言葉がある。神仏習合《しんぶつしゅうごう》というときの「習合」を英語ではこう言う。あまりいいニュアンスでは使わない。

融合、混成、ごたまぜ、という意味である。

シンクレティズムの語源は「クレタ島の人」である。

エーゲ海に浮かぶクレタ島。現在はギリシアに属しているが、アジア、アフリカ、ヨーロッパのどこからも手がとどく場所にあるため、古代からさまざまな民族によって、とったりとられたりをくりかえしてきた。強大な敵にそなえるためには、いがみあう勢力でも手をにぎりあうしかない。しばしばごたまぜ混成クレタ同盟を結成した歴史がある。

すぐにまざりたがるやつら——これがシンクレティズムの大もとの意味である。その背景をかえりみればやむを得ないことではあるが、やはり肯定的な言葉ではない。

ヨーロッパの歴史を語るとき、この言葉がひときわ多く用いられるのは古代末期である。アレクサンダー大王の東方遠征のあと、古代地中海世界にオリエントの文化がなだれこんできた。えたいの知れない宗教が乱立し、対立し、融合をくりひろげた時代である。やがてユダヤ教に反逆したキリスト教がそこに加わって、くんずほぐれつしたあげくローマ帝国の国教となっていく。

そこにいたるまでの諸宗教のシンクレティズムにはすさまじいものがあった。あがきのはての断末魔であった。それは同時に新しい時代へ向かう産みの苦しみでもあるのだが、どちらかといえば末期症状として捉えられている。

フランスの頭脳が集結したコレージュ・ド・フランスには、「古代末期のシンクレティズム」という講座がある。もちろんこれはシンクレティズムに積極的な意味づけをあたえようとの意図にもとづいて開講されているのだが、ことさらに意味づけをあたえねばならないほど、堕落したなれのはてと見なされてきたわけだ。

シンクレティズムとは宗教の「なれのはて」なのか？

どんな宗教もみずからの純粋を主張する。しかし現実には、外部からなんの影響もこうむっていない宗教など（きわめて古い時代は別として）はたしてあるのだろうか。シンクレティックでない宗教というのが世のなかに存在するのか。……もっと進めて言いたい。

シンクレティズムこそ宗教の現実の姿ではないか。

もともとふたつはひとつ

ヨーロッパの思想のみなもとにはキリスト教とギリシア思想がある。それはそのとおりだと思う。

西洋哲学史の本にはたいてい書いてある。ヘブライズム（ユダヤ・キリスト教思想）とヘレニズム（古典古代のギリシア思想）こそ、ヨーロッパの思想をかたちづくる核であると。しかしこのまったく異なるふたつの原理は、そうはっきりくっきりちがったものとして存在するわけではない。

出会った当初から、すでにふたつはまざりあっていた。

キリスト教が地中海世界に広まっていくとき大きな役割をはたしたのは、使徒パウロだといわれる。この人はキリストの直接の弟子ではない。それどころか最初はキリスト教徒を迫害していた。ユダヤ教の伝統のなかで成長した人である。その人が目からうろこが落ちるように改宗した。実際にうろこが落ちたのだ。パウロは神の声に打たれて気をうしない、目が見えなくなる。その後キリストの教えにめざめたとき、うろこがポロッと落ちて見えなかった目がふたたび見えるようになった。『新約聖書』に出てくる話である。「目からうろこ」のたとえはここからはじまる。

そんなことはどうでもいいのだが、ユダヤ教の伝統のなかに生きていたパウロは、当時の教育ある者のつねとしてギリシア語で思索し記述することができた。彼の書簡をふくむ『新約聖書』はギリシア語で書かれている。

これよりも早く、『旧約聖書』がすべてギリシア語に訳されていた。そういう土台があったからこそ、キリスト教が地中海世界に浸透していくことができたのである。言語と思想が不即不離《ふそくふり》の関係にあることは言うまでもない。ヘブライズムとヘレニズムが対峙《たいじ》したそのとき、すでに融合があったと考えてよい。

中世のスコラ哲学もまた、両者のシンクレティズムである。イスラーム・スペイン経由でもたらされたアリストテレスのアラビア語訳が、ラテン語に翻訳されて西ヨーロッパの修道院に伝わった。キリスト教神学はアリストテレスの形而上学を骨格として組みなおされ、高度に体系化された。これがスコラ哲学である。それを検討し伝授する場もやがて独立していく。大学という組織はこのとき生まれた。そこでなされた学問の体系化が、今日の大学におけるカリキュラムの遠いみなもとになっている。

雑然から純粋へ

スコラ哲学は十三世紀にトマス・アクィナスによって大成された。そこにはギリシア哲学だけでなくイスラームの思想さえも、ときに自覚されることなく取りこまれている。しかし誰もこれをシンクレティズムとは呼ばない。

シンクレティズムという言葉が用いられるとき、すでに価値意識がふくまれていそうだ。どことなく「純粋なもの」にそぐわない気がする。だから正統とされるものには用いない。

さらに言えば、はじめにあるのは「純粋なもの」という思い込みもありはしないか。純粋なものに夾雑物《きょうざつぶつ》がまざりこみ、その本質があやふやになってしまう。そのように考えるかぎり、シンクレティズムという言葉には、衰退や堕落のイメージがどうしてもつきまとう。

ところで、世のなかのことはどれもみな純粋から雑然へと進むのか。

純粋なものがまず先にあって、それが雑然としたものへと劣化する。俗世のよごれにまみれ、妥協や屈服をくりかえしたあげく、やむなくいろいろなものを取りこんでいく。——たしかにそういう道筋もあるだろう。

でも、そうとばかりもかぎらない。逆の道筋だってある。えたいの知れないもやもやしたなかから、誰かが核をえりわける。核が決まれば枝葉も決まる。よけいな枝葉を切り捨て振り落とし、すっきりさせていく。そうやって雑然から純粋へと高めていく場合も考えられる。

さて、夾雑物を捨てて純粋なものにすればどうなるか。いつしか先細りしてしまうこともめずらしくない。

カトリック教会はユダヤ・キリスト教がヨーロッパの古代文化と出会って成立した。そのうえに長い歴史のなかでさまざまな伝承や習慣も許容していった。なかには聖書に書いてないこともたくさんある。プロテスタントはそういうカトリックのありかたに抗議《プロテスト》した。聖書にもどれ。聖書にないことは排除すべし。

そうして彼らは根源にもどろうとした。純粋であろうとしたのである。

プロテスタントは純粋を追求するあまり妥協をゆるさず、枝分かれしつづけて今やどれほど分化したかわからないまでになった。フォークロアも捨て、メルヘンも捨ててしまった。原理主義になればなるほどスマートにはなるかもしれないが、とがってくる。

純粋であることは狭いことでもある。

カトリック教会のなかにも純粋をめざす動きはもちろんある。それでも雑然を許容する面をあいかわらず同居させている。だからいつもプロテスタントに攻撃されるのだ。しかし信徒数は増えつづけていく。今や全世界で十三億を超えている。

安心していられるところ

『老子』にこんな言葉がある。

まっ白なものがあることはわかっている。けれど、よごれたままでもよかったなら、そこは世のなかの谷となるだろう。

純粋であることは美しい。そんな美しさに、やはりあこがれてしまう。でも、自分はとてもじゃないがそうはなれない。よごれたままでもかまわなければ、安心してそこへ行かれる。すべてを受けいれる、そういう場所が世のなかにはある。

世間の垢《あか》にまみれてしまえば、まっ白な美しさにはもどれない。ごちゃごちゃと色がまざりあってはいても、そこにはどんなものでも受けとめていく広さがある。深さがある。

ところで、儒教は宗教か、それとも道徳哲学か、はたまた社会制度かという議論がある。儒教では先祖の霊魂が実在すると考える。その祭祀に余念がない。これはまぎれもなく宗教行為である。儒教は宗教以外のなにものでもない。でも今は、これをためらわずに宗教と断定する人はかならずしも多くない。なぜだろうか。

社会の上層がこの宗教を受けいれた。より厳格なものに仕立てていった。もともと上に厚く下に薄いところがあったのだ。その結果、広さをうしなった。誰もがたのみにしたい場ではなくなったのである。

道教の神をまつる関帝廟《かんていびょう》（『三国志』の英雄関羽《かんう》が神様になっている！）——そこはいつも黒山の人だかり。孔子《こうし》廟はおとずれる人もまばらだ。

東アジアの三大ピラミッド

オランダにライデンという古い町がある。ライデン大学にはヨーロッパ最古の日本学研究所と中国学研究所がある。日本学の方は長崎オランダ商館のシーボルト以来の伝統である。中国学研究所の所長をながく務め、二〇〇八年に亡くなったエーリク・チュルヒャーという大学者がいた。『仏教の中国征服』という名著で知られる（この本のことは、最後の章でふれたい）。

そのチュルヒャーが中国仏教と道教について奇抜なモデルを提示した。

ピラミッドがふたつある。頂上は別々なのに底辺はひとつ。頂上に近づけば近づくほど、ふたつのちがいは明瞭になっていく。ところがだんだん下へさがっていくにつれ、ふたつはまざりあって境目がはっきりしなくなる。

つまり、仏教と道教をそれぞれピラミッドに見立てたわけだが、ここに儒教を加えて三体にしてもよい。そしてこのピラミッドのかたちは、そのまま中国の社会構造と相似形をなしている。社会の上層にいる人々にとって、儒・仏・道は別々の宗教にちがいない。けれども底辺ではそれらが混然と溶けあって区別もあいまいになってくる。つまり庶民的な信仰のレベルになればなるほど、シンクレティズムに同化するのである。

なるほど。――よし！　ここでチュルヒャーのピラミッド・モデルに対抗し、これを凌駕《りょうが》し、東洋学研究に新たな展開をもたらす新モデルを提案したい……のはやまやまだが、とてもじゃないがとてもである。そこでくやしまぎれに、モデルではなくクイズを出すことにしよう。

ここでちょっと頭の体操

まっすぐな線で一筆書きし、四回ですべての点を通過しなさい。

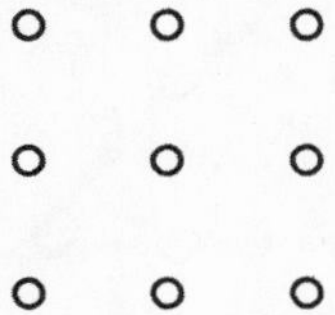

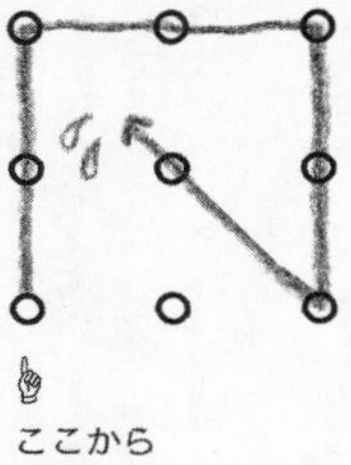

模範解答はこのとおり。

四角い枠のなかだけで考えていると答えにたどりつけない。枠をはみだして考えてみることがカギ。そうすることで枠のなかだけでは解決できない問題へのアプローチも可能になる。

私たちの身のまわりだって、ときには枠をはみだした方がいいことも少なくない。哲学や思想の世界も同じではないか。これはもちろん方法の問題だが、儒教や仏教という枠のなかだけで考えていては、東アジアの思想空間は捉えきれないと思う。

☞きょうのポイント！

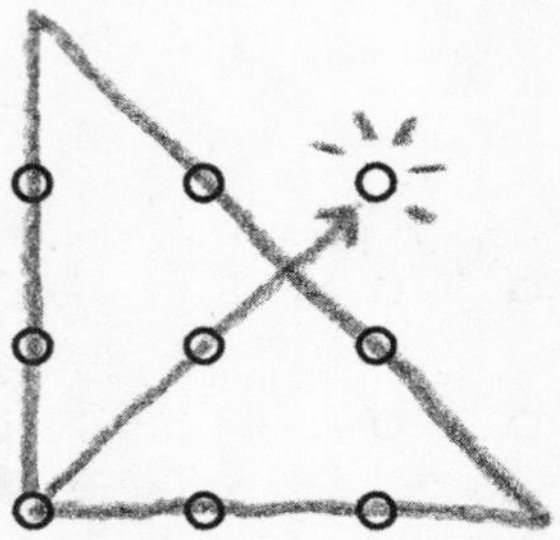

ふだん私たちが考えることなど、枠のなかに収まりきってばかりもいない。あっちからもこっちからも都合のいいところから、いいとこ取りだ。宗教者はとにかく、俗人である私たちはいつもそうしているではないか。

だまれ！　西洋かぶれ

ここで注意事項がひとつある（読者の方々にではなく、書いている本人への注意）。村山吉廣《むらやまよしひろ》氏の『中国の思想』はおすすめの一冊である（現代教養文庫。現在は絶版のため古書店で入手可能）。中国思想史を簡潔にまとめた本だが、ときどき身も蓋《ふた》もないことが書いてあってワクワクする。たとえば開口一番こんな感じ。

「中国の古典や思想に関心を抱いている人は多いけれども、そういう人の持っている知識はおおむね不正確であり、時として大いに間違っている」

いきなり目の前の人をたたっ斬るようで痛快だ。

考えてもみてほしい。中国の古典や思想にいくらかでも関心があるから、その本を読むのではないか。なかにはたいそうな知識の持ち主だっているかもしれない。それもこれもふくめて、その「知識はおおむね不正確であり、時として大いに間違っている」という。でも、つづきを読むと、なるほどと納得してしまう。

村山氏はその理由をふたつあげている。かいつまんでみればこういうことか。

諸悪の第一は、中国古典をむやみにありがたがる人々がいることである。彼らは孔子の教えをたてまつるあまり、古典の真意をゆがめて受けとめている。この傾向は昔から今にいたるまでほとんど変わらない。

諸悪の第二は、西洋かぶれの人々がいることである（ドキッ）。彼らは中国の思想を解釈するのに西洋哲学の概念をもってしようとする。しかし成立のまるでちがうものに西洋流の方法をあてはめるなど無理な注文である。――たしかに、「認識論」とか「形而上学」とかいう言葉で中国の思想を分析した本や論文は少なくない。村山氏は言う。

「それらは世間では表題のめずらしさの故に何かすぐれた革新的な内容のもののように考え

られ、世に迎え入れられることとなったが、実際には学問の進歩に貢献することの少ない仕事であった」

トホホ……。今から筆者もそのまねごとをしようと思っていたところなので、これは拳々《けんけん》服膺《ふくよう》しないといけない。

そのうえで村山氏は、思想というものはそれを生みだした民族の社会や人々の生活とわかちがたく結びついていることを強調する。とりわけ言葉はものの見方や考え方をも規定している。私たち日本人は漢字を用いているから、つい中国の言葉や文化に親しんでいると考えがちだが、そういう安易な思いこみはなくさないといけない。日本と中国の地理上の近さは、かならずしも両国の文化の類似を意味しない。そのことゆめゆめ忘れるなかれ。

さらにとどめ。「かくして、いま、多くの人々に望まれることは、『実は私は中国について何も知らなかったのだ』という自覚をもってもらうことである」

はい！　これなら自信あります。

第二章　かばいあう親子のどろぼう
——情にあふれ馴れあう心性

どちらが正直者？

あの『論語』に出てくる話である。

ある人が孔子に言った。

「わたくしどもの村にはとても正直な男がおります。自分の父親が羊を盗んだことをちゃんとお役人に知らせました」

それを聞いて孔子様。

「へえ、……うちの村の正直者はちょっとちがうな。父親は子どものしたことをないしょにし、子どもは父親のしたことをないしょにしてますよ」

えっ？　それは事実の隠蔽《いんぺい》ではないのか。今や役所でも企業でも不祥事隠しが花盛りだというのに、こともあろうに道徳大明神の孔子先生がそれをおほめになるとは。いったいどういうわけか。

となり村の正直者というのは、むろん正直にはちがいないが、やったことは密告である。

密告なんて人間のすることのなかでいちばんきたないことだ。たしかに密告の奨励される社会も世のなかにはある。集団の秩序を維持するためには、親しい者同士の情にまで犠牲を強いる。それはかならずしも共産圏にかぎったことではない。いつでもどこにでもありえる状況かもしれない。

おそらく孔子の生きた時代はそうだったのだろう。だから密告が美談にもなったのだ。しかし、孔子はそれに賛同しなかった。身近なところで和睦《わぼく》が実現しないとしたら、いったいどこで実現するというのか。……そういう足もとから孔子の教えはスタートしている。

この事件とそれに対する孔子の発言に対しては、賛否両論わいわいがやがや。

そのひとつ、韓非子《かんぴし》が同じ事件について論評している。

楚《そ》の国に正直者の躬《きゅう》という男がいた。自分の父親が羊を盗んだことを役人に知らせた。大臣は「その者を死刑にせよ」と命じた。国王の前では正しいおこないであっても、親に対してはまちがったおこないだからだそうだ。そういう理由で処刑されたのである。……楚の国ではそんなことがあってからというもの、悪事を役人に知らせる者はいなくなってしまった。

儒者の言うことなど世のなかの害にしかならない。——これはその実例として語られている。もちろん孔子の発言が前提にある。儒者はつまらない人情ばかりありがたがっている。

やつらを重んじてはいけない。そんなことをするから国が乱れるのだという。なかなか手きびしい。

孔子は徳によって国を治める徳治主義を唱えた。韓非子はそうした考えを否定する。治める側につねに徳があるとはかぎらない。治められる側にそれにこたえる者などいたためしがない。そんなあてにならないものをあてにしていては、いつまでたっても国は治まらない。そこで成文法による徹底した支配、すなわち法治主義を韓非子は唱えた。これが秦《しん》の始皇帝の採用するところとなる。

☞テストに出る！

孔子と老子（武氏祠画像石）

絶対服従のすすめ

孔子は先ほどの言葉につづけて言う。

「直《なお》きことその中に在《あ》り」

父は子のために隠し、子は父のために隠すという、そんな不実と見えることのなかにも、本当に大事なものがある。「直きこと」というのは、くねくねしてない、まっすぐな、自然の情のことではないか。

孔子にとってそれは何よりも大事なもの。だが韓非子にとってはそんなものクソ食らえだ。

まっすぐな人間がいない、などとは韓非子も思わないだろう。しかし政治というのは、そんなめったにお目にかかれない天然記念物を相手にするのではない。まっすぐなんかではない、その他大勢を相手にするのである。甘ったるい期待はやめにして、服従させるにかぎる。支配者の権力を絶大にして、治安維持にひたすら努めるのがよい。

法治主義にもとづく始皇帝の圧倒的な中央集権は、たちまちに空前の効果をあげた。広大な中国が統一される。交通、経済、文字、学問にいたるまで規格化が実現する。

しかしこの強権支配は終息もまたすみやかであった。漢《かん》王朝が成立すると、法治国家にこりごりした人々は、もっとゆるやかな政治の原理を求めた。そのとき黄老《こうろう》思想が注目を集めだす。神話の帝王である黄帝《こうてい》をたてまつる人々が、老子《ろうし》や荘子《そうし》の思想を重んじる人々と結びついた。さかしらな人為を否定し、天の秩序に照らして人間社会の問題を処理しようというのである。これが政治の理論として応用されるとき、変化と多様性が許容され、大きな原則のなかでの柔軟な統治が理想とされるようになった。

しかし今度はゆるすぎてしめしがつかない。やがて武帝《ぶてい》が即位する。漢帝国の国威を内外に知らしめたこの偉大な専制君主は、仰々しく古めかしい儀式が大好き。これぞ儒教の十八《おは》番《こ》である。官学としての地位が確定する。経典がさだめられる。このときから儒教の思想にもとづく国家体制の、とてつもなく長い歴史がはじまることとなった（儒教の国教化は次の後漢王朝からという学説もある）。

……とは言うものの、いざ支配を徹底していく段になると、しめつけに便利な韓非子流がいつでも息を吹きかえすのだが。

責任など知らんぷり

父は子のために隠し、子は父のために隠す。儒教はこれを承認する。近親者のためなら隠蔽も辞さないこの「至《し》親《しん》容《よう》隠《いん》」の大原則は、漢代から連綿と受けつがれていく。唐《とう》代になって法典に明文化されてのちは、歴代王朝がこぞってこれを踏襲した（桑原隲蔵『中国の孝道』講談社学術文庫）。

革命以前の中国においては、法律が「至親容隠」を保障（！）している。もしもそれをわきまえないおっちょこちょいな正義漢が出てきて、親に不利な証言でもしようものならたいへんだ。大義名分を踏みにじるものとして、信じられないほど重い処罰が待っている。羊どろぼうの父親を訴えた息子が打ち首にあうのは、昔話ではない。

不祥事隠しという、情にあふれ馴《な》れあいにまみれたこの心情は、こうして東アジアの隅々にまで浸透していった。そこでは法律は徳治主義のそれであるから、儒教道徳の延長線上にできあがっている。これはもちろん「家」に基礎を置いている。

およそ身分にかかわりなく、大多数の中国人にとっては家が（家だけが）大事である。家よりも大きな括《くく》りは国しかない。「国家」という言葉が示すとおり、支配者にとってはこれも家なのである。「天子は四海を以《もっ》て家となす」というごとくである。家の上位概念はただちに国であって、その中間にあたるものがない。ふつうならそこに「社会」という括りがありそうなものだが、中国にはそれがない（日本には？）。

社会という言葉の内実にあてはまる観念は存在しない。家長の手のとどく範囲、皇帝の力のおよぶ境域が、彼らにとっての社会のすべてである。その外側の世界に対する社会的責任など知ったことではないのだ。

土左衛門と同類

賛否両論のふたつ目は『荘子』である。次のように言う。

正直者の躬《きゅう》が父の盗みを証言して罰せられ、尾生《びせい》が橋の下でおぼれ死んだのは、信義にこだわったための災難である。

ここにならび称せられる尾生というのは有名人である。孔子と同じく魯《ろ》の国の人だという。女と橋の下で会う約束をしたが、いつまでたっても女は来ない。やがて雨が降りだして川は増水してきた。でも約束をやぶることはできないと、いっこうに立ち去る気配がない。とうとう柱にしがみついたまま溺死した。立派な方なのだ。躬もそれといっしょにされたのである。

この段には似たような頑固一徹の標本がずらりとならんでおり、最後に荘子の感想が述べてある。いわく、自分が正しいと信じてこだわり通そうとするからこんな目にあうのだと。これもまた孔子に対するはっきりとした反対表明である。

ところで、『荘子』という書物にはずいぶんいろいろな立場からの発言が収められている。はたして一人の作者が書いたかどうかはわからない。そもそも荘子という人がいたかどうかもわからない。

「老荘」という言葉は古くからある。荘子はつねに老子とともに、しかも老子の次に位置づけられてきた。だが、その老子にしたところで実在の人物か否かは不明である。

老子と荘子について欧米人は古くから関心をいだいている。思想家や文学者にあたえた影響もなかなか大きい。かの文豪トルストイも『老子』を日本人と共同でロシア語に訳した。翻訳もおどろくほどたくさんある。老荘ともども北欧や東欧もふくめて、たいていのヨーロッパの言葉に訳されているほどだ。これは中国思想のなかでもずばぬけている。

ところで日本の老荘研究と欧米のそれとではかなりちがうところがある。日本では「老荘」というくらいだから、老子が先で荘子が後だと信じられている。しかし欧米では、とくに最近は荘子が後だと考える人はあまりいない。また、日本では老荘を道教と別物あつかいすることが多い。しかし欧米ではこれをひとつなぎのものとして理解する。ちなみに中国では、老荘の順番については日本と同じ、道教との関係については欧米と同じ意見が多い。

では、老子と荘子とどちらが先か。

このところ中国ではあいついで古代の文献が地下から見つかっている。その年代が今までの通説をくつがえしてしまう場合も少なくない。だからどちらが先かということも、うかうかとは言えなくなってしまった。

荘子について言えば、老子との関係はとにかくとして、孔子との関係はきわめて深いものがある。というのは『荘子』のなかには、孔子の教えにあるいは同調し、あるいは反抗し、ときに揶揄《やゆ》した話がたくさんある。かなり身近で意識していたことはまちがいない。欧米人が荘子の位置づけに疑問をいだく理由のひとつもここにありそうだ（中国ではつとに銭穆や馮友蘭によって、日本でも金谷治、白川静、神田秀夫各氏による先駆的発言があり、新しくは池田知久氏による指摘がある）。

大どろぼうの説教

『荘子』のなかに、大どろぼうの跖《せき》が孔子に食ってかかる話が出てくる。もちろん漢文で書いてあるけれど、どろぼうのセリフである。こんな感じで訳してみた。

おめえにな、人情ってもんがどんなもんか教えてやろうじゃねえか。
おい、よっく聞け。
誰だってな、きれいなもんは見てえさ。ゆかいな歌は聴きてえし、うまいもんをたらふく食いてえ。誰もみな、てめえの思いどおりになってくんねえかなあと、虫のいいことばかり願うにきまっていらあ。

だがな、人間どんなに長生きしたって百までなんか生きらりゃしねえ。八十までいきゃあたいしたもんよ。六十だってオンの字さ。そのあいだにゃ病気になったりもする。親兄弟が死んじまったりもする。つれえことや悲しいことばかりじゃねえか。それをさっぴいてみな。大口あけて笑って暮らせるのなんざ、いったいどれほどあるってんだ。

ひと月に四、五日もありゃあ、よっぽどマシってとこだろよ。

お天道《てんとう》さまはなくなりゃあしねえ。けどな、人間はいつか死ぬんだぜ。いつ死んじまうかわかんねえこの身がよ、お天道さまの下にいるのなんざ、まぁ、たとえてみりゃあ、一日に千里を走るすげえ馬が厩《うまや》の戸をスルリッとすり抜けていくみてえなもんだ。そんなアッという間の人生だってえのに、好き勝手なことして思いどおりにしちゃならねえとしたら、一体全体どこが人の道にかなったことだなんて言えるんだ。えっ、このどあほう！

心地よいものに身をゆだね、楽しむことをよしとする。それが人としてありのままの姿ではないか。片意地はらず、やせ我慢せず、欲望を肯定し、享楽を堪能する。それこそ人間本来のありようではないか。

しかしである。なにもかも本能の命じるがまま、情欲の起こるがままに行動しては社会の秩序はたもてない。だから規則が要請される。教育が必要になる。ところが、それがまた行き過ぎると、人間の自然な本性が抑圧される。そこにゆがみが生じる。無理があらわれる。するとと自然へ帰れの大合唱がわき起こる。本能肯定の思想が跋扈《ばっこ》する。自然主義と理想主義のイタチごっこである。あるいはそのしのぎあいである。

老子が「道は自然に法《のっと》る」と言うとき、それは「人為」の否定のうえに立てられた「自然《ありのまま》」である。ところで否定されている方の孔子であるが、孔子自身はべつに「自然」を否定したわけではない。

孔子がゆるせないのは勝手気ままや放埒《ほうらつ》である。だからこそ教育による陶冶《とうや》を提唱したのであって、まっすぐな自然の親子の情をけっしてしりぞけはしない。ところが右の荘子の話では、もっぱら孔子の説くところを自然の情を否定するものと捉えたようである。

どろぼうにも「道」がござんす

どろぼうの話、まだまだつづく。

あるとき、跖の弟子が親分にたずねた。

「あっしら盗っ人《ぬすと》にも道ってえもんがござんすか？」

すかさず跖親分。

「あたぼうよ。どんな商売だって道のないものなんてありっこねえ。盗っ人にもな、五つの道があるぞ。

獲物がどこにあるか見当をつける。そりゃあ才覚がなきゃできねえこった。

度胸を決めて真っ先に押し入る。勇気がいるな。

仕事がすんだら子分どもを先に逃がして、てめえが最後になる。これが信義だ。

潮時を見きわめる。見識が大事ってことよ。

盗んだお宝をみんなで山分けにする。公平でなきゃいけねえ。

この五つ、これがそろってねえのに大どろぼうになりおおせたヤツなんていやしねえのさ」


ふむ。どろぼうにもそれなりの信条があるらしい。退散するとき子分をかばって、あとはまかせろというところなど、なかなか任侠《にんきょう》的だ。

池波正太郎《いけなみしょうたろう》の『鬼平犯科帳《おにへいはんかちょう》』に「盗法秘伝」という一篇がある。

長谷川平蔵《はせがわへいぞう》が東海道を西へくだる途中、ひょんなことから盗っ人のじいさんと知りあって旅をともにする。泣く子もだまる鬼平とは知らぬじいさん、すっかり平蔵にほれこんじまう。ゆくゆくは自分の後継ぎにして、盗っ人の奥義を伝授してから足を洗おうという魂胆。

秘伝の書きつけを平蔵に手わたした。「わしが死んだのち、これをねむらせてしまうにはもったいないのだ。血をながさず、争わず、有るところから盗《と》って無いところからは盗らぬ。女子供に手をつけてはいけない……と、まあ、盗人《ぬすっと》の本道をまっすぐに歩いて行ける人でねえと、この秘伝が却《かえ》って毒になるものねえ」

これぞ盗っ人稼業その道何十年の、いわば「どろぼうの掟《おきて》」にほかならない。

平蔵は酔狂にもじいさんの押し込みに荷担した。じいさんは掟にたがわぬ働きぶりで、あこぎなまねをして金をためこんだ家をねらってたんまり頂戴する。仕事が終わると悪徳商人の土蔵にしゃがみこんで、こってりウンチしていく。鬼平もびっくり。

のちに平蔵が身分を明かすと、じいさんの驚きはいかほどであったか。ひれ伏したまま頭も腰もあがらなくなってしまった大盗賊に、「隠居をするは、早いにこしたことはないな」と言いすえて、捕らえもせず平蔵は立ち去っていった。

聖人どもをたたきのめせ

ところで、先ほどの跖親分の説教にはまだつづきがある。というよりも、ここからが本題なのだ。

是《こ》れに由《よ》りてこれを観《み》れば、善人も聖人の道を得ざれば立たず、跖も聖人の道を得ざればおこなわれず。天下の善人は少なくして不善人は多ければ、すなわち聖人の天下を利するや少なくして、天下を害するや多し。

……つまり、こういうことだろうか。

善人といえど聖人の説く道に習わねばならないように、どろぼうだって道を身につけなければ仕事は勤まらない。――このことは、さきほど跖が語ったどろぼうの五つの信条からもよくわかる。

世間には善人は少なくて悪人ばかりが多い。――同感。もちろん自分もふくめて。だから、聖人なんてものはたいして世間のためになるわけではない。ためにならないことの方がよっぽど多い。――？？？

これはいったいどういう意味か。

先ほど跖が大事な信条として語っていたのは、信義にせよ公正にせよ、いずれも世間一般の徳目と変わりがない。そんな徳目なら、どろぼうだっていっぱしに持っているわけだ。つまりは善人が道と言っているものと、悪人が道と言っているものに別段のちがいはないことになる。ところでその道とやらを説くのが聖人君子であるとしたら、なまじ彼らが大声で言い立てるものだから、悪人までが道、道とさわぐ始末になってしまう。

さて、現実の世のなかを見渡すと善人よりも悪人の方が多い。そうであるなら、道を身につけている人間の数は、実際には悪人の方が多いことになる。そんなやつらが大事にしている道なんて害毒にしかならない。そもそも道を説くなどという、えらそうな御仁《ごじん》がいるからいけないのだ。だから世のなかをよくするためには、まず最初に聖人君子を根絶やしにする必要がある。そいつらをたたきのめして撲滅することが世直しの第一歩である。『荘子』は言う。

荘子（『程氏墨苑』パリ外国宣教会）

聖人死せざれば、大盗やまず。

いやはやたいへんな論理が展開していく。

さて、今日の日本に目を転じれば、道徳の授業とやらが学校で復活したそうだ。必修科目にしたところもあるという。さあ、どんなものだろうか。

なまじな理屈を聞きかじれば、根性の曲がったガキどもは自分たちに都合のいいようにそれを歪曲《わいきょく》する。道徳の先生がおっしゃることはたいてい口当たりがいいから、かえって始末が悪い。身勝手に拝借すれば、たちまちりっぱな屁《へ》理屈ができあがる。跖の言う信条なんて、よくよく見ればそんなものばかりではないか。「子分を先に逃がし」みたいなところにばかり目が行ってしまうけれど、そもそもやっていることは押し込み強盗だ。そのどこに徳があるというのか。

盗みをしたら極刑

仏教では盗みは重大な犯罪とされている（仏教でなくても普通はそうだが）。

とくに修行者にとっては、「婬《いん》」「盗《とう》」「殺《せつ》」「妄《もう》」の四つは、もっとも罪が重い。

「婬」は異性とまじわること。同性愛もふくまれる。修行者は一生不犯《ふぼん》が鉄則である。

「盗」はもちろん盗み。「不与取《ふよしゅ》」とも漢訳される。字のごとく、あたえられていない他人のものを取ってしまうことである。修行者にとっては一切無《いっさいむ》一物《いちもつ》もまた鉄則のひとつだから、これが重大犯罪に数えられたのだろう。

「殺」は人殺し。重罪は当然としても、ほかの三つがこれに匹敵するところがすごい。

「妄」はでたらめを言うことだが、修行が完成したといつわる場合である。これは他人の修行をまどわすことになるから、ゆるすべからざる悪と見なされた。

以上の四つが教団における最大の犯罪である。まとめて呼ぶ名称もさまざまにある。

まず、パーラージカというインドの言葉をそのまま写して波羅夷《はらい》という。四つの重大犯罪なので四重《しじゅう》ともいう。極刑にあたるので断頭《だんとう》ともいう。実際にちょん切るわけではない。不《ふ》共住《ぐうじゅう》ともいう。これは教団から永久追放して、金輪際《こんりんざい》なかまの修行者とともにいることを拒絶したのである。極刑というわりには、たいした刑罰でないように見えるかもしれない。教団の刑罰はここまでだとしても、追放後は世俗の法律によって処罰される。さらにその先には「因果《いんが》」という仏教の大命題が待ちかまえているのだ。

なんであれ原因があるところには、かならずその結果がある。これを因果と呼ぶ。悪行を犯した以上は、因果の法則にしたがっていずれ報いがある。生きているあいだに報いがなかったとしても、次に生まれ変わったときにあるかもしれない。あるいはもっと先かもしれないが、原因をつくっておきながらなんの結果もあらわれない、ということは断じてない。

「親の因果が子に報い」とは言うけれど、それは絶対にあり得ない。自分が犯した罪は来世の自分におよぶのみである。

波羅夷の罪を犯したものは、その報いとして地獄行きはまぬがれがたい。もはやあがなうすべはない。……もっともこれは信仰上のことだから、受けとめる側の心持ち次第でもある。だからなんだ！という豪傑坊主も世間にはいるだろう。

樹上の戒律を守るべし

修行者の戒律にはじつに多くの種類があり、刑罰の段階もさまざまである。男性修行者が女性とふたりだけでいるところを見られて告発された場合、どんな刑罰が科せられるのか。

これには二条あって、ひとつは人目につかないところの場合、もうひとつは人目につくところの場合である。これではまるで告げ口してくれと言わんばかりだ。量刑は告発内容に応じて決められる。そうなると言ったもの勝ちという気もする。

戒律のなかには、このように「告発された場合」というのがいくつも出てくる。他人の罪を隠してはいけない、という戒律もあるほどだ。とにかく先生に言いつけなくてはいけないのである。

インドの仏教教団では男の修行者に対しては二百五十条、女の修行者に対しては三百五十条もの戒律があった。なかにはいかにもインド特有のものがふくまれている。たとえば次のごとくである。

木の上でウンチしてはならない。

そんなアホな、おまえは猿か、と思ってはいけない。インドでは十分に気をつけないといけないことなのだ。熱帯の人々は日中の酷暑をさけて大樹の木陰《こかげ》に安らっている。そこは瞑想にふけるにふさわしい場所である。お釈迦《しゃか》様が真理に到達したのも大樹の下だった。また樹上で修行するヨーガ行者もいたから、「木の上で……」という戒律もできたのだろう。

樹下はいわば修行の場である。そこをけがすことはゆるしがたい行為である。漢訳もされている。『四分律《しぶんりつ》』にいわく、「樹上に於いて大小便を下《くだ》すを得ざれ」と。けだし落下する物体が堅牢《けんろう》なる固形物のときは撃退も可能だが、適量の液体を含有《がんゆう》して軟化すると払拭《ふっしょく》に容易ならざるものがある。これを禁ずる所以《ゆえん》か。呵々呵々《かかかか》。

きびしくなったと見せかけて

仏教にかぎらず教団の戒律というのは、その土地の風俗や習慣にかかわるところが大きい。暑い国と寒い国では食物や衣服に関する規則はちがってあたりまえである。また、刑罰についてはその国の法律にも影響されるだろうし、更生のありかたは道徳や人情にさえ左右されやすい。したがって戒律は伝わった先で変質することが少なくない。シンクレティズムの格好のえじきである。

儒教も道教も中国人にとっては国産品だが、仏教は舶来品である。しかしこの舶来品も中華の国で根づいていくためには大幅なつくりかえをせざるを得なかった。

『梵網経《ぼんもうきょう》』という戒律の経典が中国でつくられた。

そこでは波羅夷《はらい》の数が四つから十に増えている。刑罰もおそろしく重くなった。地獄行きの刑となったのである。インドでは地獄行きはまぬがれがたいというだけだが、中国では地獄行き決定である。だからあえて教団から追放するにはおよばなくなった。教団に対しては懺悔《ざんげ》すればよくなった。反省すればよいのである。

はて、考えてみるとこれで本当に厳罰になったのか。地獄行きといっても、どうせ死んでからあとのことだ。誰も追及などできない。すでに述べたようにこれは心持ちの問題である。むしろ実質的な刑罰はなくなったと考えた方がよほどわかりやすい。

『梵網経』に記された十の波羅夷のうち最初の四つは今までと同じ。

第五の「酤酒《こしゅ》」は酒を売ること。すなわち飲酒のきっかけを封じたのである。

第六の「説罪過《せつざいか》」は他人が犯した罪をむやみにあげつらうこと。これが禁じられていることは注目したい。

第七の「自讃毀他《じさんきた》」は、自分をほめあげ、他人をけなすこと。

第八の「慳《けん》」はケチケチすること。物に執着して施《ほどこ》しを惜しんではいけないのである。

第九の「瞋《しん》」は怒ること。憎しみをいだいてはいけない。人を恨んでもいけない。

第十の「謗三宝《ほうさんぼう》」は三宝、つまり釈迦仏陀《ブッダ》とその教えと教団の三つをそしることである。

このなかには、もともと修行者用ではなく在家信者のための決まりだったのが、ここに移されたものもある。第六の言いつけ禁止がそうである。修行者にとっては罪の告発は義務であったとしても、俗世に暮らす信者にとっては別問題である。それがここでは重大な戒律に編入された。

しかしである。「言いつけるな」と言われたら、まあ守れなくもないが、「怒るな」と言われてもそれは無理な注文である（無理じゃないという人もいるかもしれないが）。だからこれは「怒らないようにせよ」ということであって、いわば「心がけ」なのである。十条すべてがそうである。『梵網経』において波羅夷という重大戒律は、罰則規定をともなう教団法ではなくなった。修行者と在家信者との区別さえなくなった。ひとしなみに心がけになってしまったのである。

さて教団の刑罰はないに等しくなったが、中国では修行者にも世俗の法律が適用される。それは当然であって、人をあやめておいて懺悔だけですまされてはかなわない。ところがインドでは修行者に対しては世俗法が適用されないのである。四つの大罪以外ならば、教団に所属しているかぎり役人の手がのびることはない。しかし中国では教団に所属していようといまいと、ひとしく法律によって処罰される。

ゆるゆるやわやわ東アジア

『梵網経』は中国でつくられた経典である。

仏教の経典というのは釈迦が語った言葉を文字に記したものである、というのが建て前。厳密に考えたら本人の言葉をじかに書きとめたものはひとつもないのだが、ともかくも建て前はそうである。だからお釈迦様の国インドからもたらされたのが仏教の聖典であって、中国人がつくったものなど聖典と呼ぶことはできない。そんなものは疑わしい偽造品なので、昔から「疑経《ぎきょう》」とか「偽経《ぎきょう》」と呼ばれている。これは中国ではたくさんつくられた。

疑経は中国仏教のシンクレティズムを考えるうえで不可欠のテーマである。儒教でも道教でもなんでも取り入れている。広大無辺な親の恩愛を説いた『父母恩重経《ぶもおんじゅうきょう》』、お盆の行事のもとになっている『盂蘭盆経《うらぼんぎょう》』、日本の朝廷で鎮護国家のために読まれた『仁王般若経《にんのうはんにゃきょう》』など、名だたる仏教経典のなかには中国製の疑経がたくさんある。浄土宗《じょうどしゅう》の根本聖典のひとつ『観無量寿経《かんむりょうじゅきょう》』も疑経ではないかという説もある。

これら疑経の研究も欧米ではさかんである。宗教を社会現象として捉えるならば、少数者のための神学よりも大多数のための信仰にこそ、宗教にとって大事なものがあるのではないか。疑経は庶民の信仰を支え、またそれに支えられて広まった。『梵網経』も疑経のひとつである。生粋の中国製品である。しかしそれだからこそ中国人の心情にぴったりなのだ。これができたおかげでインドの戒律はもうどうでもよくなった。日本では最澄《さいちょう》がこの経典をおおいに尊重して、なんとインド戒律不要を宣言した。今日にいたるまでその伝統があまねく行きわたっている。

東アジアの温暖湿潤な国々に来ると、春に山霞《やまがすみ》がたなびくように気候もやわらいできて、倫理までゆるゆるになってしまう。

インドでは修行の身で盗みをしたら教団追放。友人が盗みをしたら告発しないとこちらが罰せられた。ところが中国ではみんなの前で「ごめんなさい」をすれば、それでもう帳消しである。しかもそれをだまっていてあげないやつは地獄行きの刑！

仏教徒もインドにいるかぎり孔子の友人にはなれない。でも中国に来ればすぐになかよしになれるのだ。

第三章　翼をなくした天女たち（上）
——ユーラシアの西から東へ

翼がいっぱいの天使

天女には翼があるか、ないか？

「ある」も「ない」もどちらも正解。

もとより想像の産物ではあるが、絵や彫刻に出てくる天女には、翼の生えたのもいれば、生えてないのもいる。そのちがいは地域によって分けることができる。ごく大まかに言えば、西アジアから中央アジアにかけて、天女には翼がある。それより東には翼がない。なぜなのか？

これが本章のテーマである。もしかしたらおそろしく巨大なテーマになりそうだ。とうてい正解にはたどり着けない。今から述べることはひとつの試案にすぎない。でもせっかくだから、西はスペインから東は日本まで、翼を（正しくは大風呂敷を）広げてみよう——。

キリスト教の天使には、かわいい翼が生えている。

ひとくちに天使と言ってもいろいろある。たいていは赤ん坊に毛の生えたのに翼が生えていて、ピヨピヨ飛びまわっている。それがいちばんポピュラーだが、天使のなかでは下っぱの下っぱ。その上にはえらい天使がたくさんいる。えらくなるにつれて神様の玉座の近くに陣取っている。

玉座のもっとも近くにいる天使は、顔のまわりが翼だらけである。胴体はない。主なる神を囲んで飛びまわり、かぎりなく主をたたえている。「聖なるかな《サンクトゥス》、聖なるかな《サンクトゥス》」と唱えながら。

バルセロナにあるサグラダ・ファミリア聖堂の尖塔には、このSANCTUS《サンクトゥス》の文字がリボンのようにまきついている。天使の大合唱がいつもひびいているわけだ。よく見ると天使がいたるところに飛んでいる。

そもそも翼が生えたキリスト教の天使というのは、どこから出て来たのか？


翼はオリエントから？


ギリシアのキューピッドにも翼が生えている。さかのぼればペルシアにたどり着く。もっとさかのぼればアッシリアにたどり着くだろう。

翼が生えた存在というのは、オリエント世界がひとつの発祥地である。残っているものの年代の古さからすれば、そのように言うことができる。

ただし、異なった地域に類似するものがある場合、つねにふたつの方向から考えていくことが大事である。

ひとつは歴史的なつながりである。どこかではじまったことが、やがて周囲に伝わっていく。直接の伝播《でんぱ》はもちろんのこと、伝聞だけでも影響をおよぼすことはある。反発もまた影響の異なった形態であろう。その場合には、伝わった先から逆にたどっていき、その根源を明らかにすることが課題となる。もっとも、残っているものだけで考えていると、肝心の「つなぎ」が見つけられなくて歴史的証明が立ち往生《おうじょう》してしまうことは少なくない。

もうひとつは発想の共通性である。太陽は東から出て西に沈む。人間の考えることや感じることにはどこかしら似かよったところがありはしないか。それは時代や地域にかかわらない。たとえ環境が異なっていても、ある目的のために同じような発想がめばえることは、別にめずらしくない。なんでも歴史的につなげて考えられるわけではない。

また、年代の古いものが新しいものより、つねに原初的であるともかぎらない。新たに生まれつつあるものは、私たちの身のまわりにだってある。一方で、すでに行き着いた先の姿が、紀元前の遺物に見いだされたりもする。人がつくりだすものの歴史は、すべてが同じ時間軸に位置づけられるわけでもなかろう。もちろん歴史的探求の努力はおこたるべきでない。そうでないとなんでもかんでも「みんな同じ」になってしまう。

天女の翼について考えるときには、この両方の視点を用意しておくことが必要だと思う。

もしも翼があったなら

もともと翼のないものが翼をもつことによって、本来の能力を超えた能力をもつことができる。それは、歴史的にたどればオリエントが発祥地と言えようし、そのような発想はさまざまな民族に共通しているとも言える。百獣の王ライオンも小鳥の糞《ふん》はよけるしかない。もしも翼があったなら小鳥も糞を落とすまい（たとえとしては、ばっちいが）。

翼があることによって通常を逸脱した力、つまり神性がそなわっていると認められる。逆に言えば、神聖なるものの属性のひとつが翼である。翼は神の（あるいは悪魔の）シンボルとなる。

ゾロアスター教のアフラ・マツダーにも翼がある。これは神ではない。この世を支配する善と悪の原理のうちの善の方である。光と闇のうち光をつかさどっている。そもそも「原理」なのだから、神々のような具体的なかたちをとる必然性はないはずだが、神殿の遺跡には天にましまず姿で刻まれている。そこには翼が生えている。

かなり古いけれど、映画の『エクソシスト』で有名になった悪魔パズズにも翼がある。これは風の神だから翼があるのは当然かもしれない。

ヨーロッパでは西風ゼフィルスは春をもたらす神である。それなのになぜ、西アジアでは風の神が悪魔になってしまうのか。

湾岸戦争のとき、イラクに駐留する欧米軍がすさまじい砂嵐に悩まされているニュースを見て、なるほどと思った。通信機器がまったく使えなくなるほど微細な砂が吹き荒れるという。最大の防御策は日本製のサランラップですっぽりくるむことだそうだ。そんな恐るべき砂塵《さじん》を運んでくるのは、もちろん風の悪魔である。

ペルシアには王者の像がいくつか残されている。その冠にはときとして翼があしらってある。どんなにえらい王様でも背中に翼はつけられない。だから冠につけてある。これによって帝国に君臨する権能を誇示したのだろう。

品のない神々

ギリシアには神様がたくさんいるけれど、もともと翼の生えた神というのはいない。翼だけではない。私たちの体についているものにさらに何かが加わった神格は、本来は想定されてない。ヒンドゥー教の神々のように、手が何本もあったり、目が余分についているような異形《いぎょう》はギリシアにはない。それこそがギリシア神話の理念である。もっと言えば、ギリシア思想の根幹にかかわることではないか。

神々は人間の似姿である。まるで人間なみに品がない。神々の王であるゼウスは、王様のくせにしょっちゅうオリンポスの山から下界をながめて、浮気相手を物色している。すきあらば奥方の目をのがれてまっしぐら。奥方もなんとかして亭主をとっちめようと、あの手この手をくりだしていく。

キリスト教では、神その姿のごとくに人をつくりたもうた。ギリシア人は神々を人の姿のごとくにつくったのである。ただちがうのは、神々は年をとらない。死ぬこともない。あくまでも生身の人間が基準である。これは神話だけのことではない。

ギリシアの神殿は、円柱の太さから屋根の高さにいたるまで人の身の丈や手足の長さが基準《モデュール》になっている。見上げるほどではあっても、常軌を逸するような巨大さではない。そこがオリエント世界との本質的な相違であろう。

古典時代のギリシアにあっては、人間の姿がそのまま神々の姿であった。ギリシアの彫刻が表現しているのも人間ばなれした身体ではない。理想化が加わってはいても、私たちの肉体そのものである。手がうじゃうじゃついていたり、鳥の翼が生えているなどというのは、ギリシアの精神からはほど遠い。

といっても、実際にはへんてこりんな姿の神様もいないわけではない。乳房がたわわについたアルテミスの像がある。これはもちろんオリエント世界からもたらされた奇形である。そのような外来種のひとつが勝利の女神ニケである。

女神の翼がマークのもと

ニケには翼が生えている。ニケというのはギリシア語で「勝利」という意味である。勝利を神になぞらえたもの。その崇拝は、ギリシアが長いあいだペルシアと戦争しているときにさかんになった。紀元前五世紀のことである。それ以降の彫刻にはたくさん登場する。

ペルシア戦争が契機と言ってよい。戦争というのは不思議なもので、おたがい大げんかしているはずが、長びけば長びくほど文化的なレベルではずいぶんと親密なものになっていく。気づいたときには敵国の文化にすっかり影響され、異質な国の文物をどしどし取り入れていたりする。表層的には相手とのちがいにこだわっているのに、かえって相手を意識しすぎて近しい関係になってしまう。これは歴史がくりかえし教えてくれる。

翼の生えた神という変種は、ギリシアが長期間ペルシアと戦争をするうちに、敵国からもたらされた発想である。しかも敵国に対する勝利を祈願してさかんに崇拝されたというのだから、なんとも人間の歴史というのは矛盾だらけだ。

ちなみに、ニケを英語読みすればナイキ。アメリカのスポーツメーカーは勝利の女神を社名にしている。ナイキのマークは女神の翼である。会社を創業するとき、美術大学の学生にアルバイトで作らせたそうだ。

☞東京特許許可局東京特許許可局

シンクレティズムのるつぼへ

翼のついたキューピッドの姿は、ペルシア戦争よりも古い時代のアッティカの陶器に描かれている。すでにオリエント世界からの影響はあったのかもしれない。ペガサスもその起源は古いとされる。これはどこから来たのだろう。

キリスト教の天使に翼があるのは、やはりもとをたどればオリエントに行き着くはずだが、その中間にはギリシアがあるにちがいない。

天使というのは、キリスト教の教義では精神的な霊と考えられている。実体はない、というのが正しい。天使のなれのはてである悪魔も同じである。それでも古来いたるところ壁に描かれ柱に刻まれてきた。

無限の存在である神を、有限の存在にすぎない人間がかたちにあらわすことはできない。人の手によってはつくられざるものである。そういった伝統はキリスト教に根強くある。イスラームでは徹底していて、これは今も守られている。

ところで、キリスト教が伝わった地域はさまざまあれど、地中海はそのひとつの中心であった。ここには古代から神々を人の姿にあらわす伝統がある。地中海世界に伝わったキリスト教は、古典古代の影響のもとで、神の姿を、また天使や悪魔にもかたちをあたえて表現するようになっていく。冒頭に述べたような翼だらけの天使も造形化された。しかし翼のない天使というのはあまり見かけない。

神性を持った存在に翼があるという発想は、西へ伝わってキリスト教の天使にあらわれた。かたや東へ伝わって仏教の天人《てんにん》としてあらわれることになる。

インドで生まれた仏教は、一部は東南アジアへ、一部は西アジアへ伝わった。いずれ東アジアへも伝わるが、いきなり東へ向かったわけではない。インドの北にはヒマラヤがある。ここは容易に越えられない。西にはヒンドゥークシュ山脈がある。古くから知られた険阻《けんそ》だが、人の往来は絶えることなくあった。ここを越えてインドの北西、現在のパキスタンとアフガニスタンのなかほど、かつてガンダーラと呼ばれた地域に仏教は伝わった。そこは地理的には西アジアの一部と言ってよい。

仏教は西アジアの文化と出会った。アレクサンダー大王が建設した植民都市は、当時なおも健在である。ヘレニズム文化とも接触した。そこはシンクレティズムのるつぼであった。

今ではこの地域はすっかりイスラーム化されている。しかしかつてはゾロアスター教が広まっていた。のちにマニ教も浸透していった。イスラームの進出は十世紀以降である。

内からか、外からか？

ゾロアスター教が信仰されていた地域に仏教がもたらされた。一世紀ごろのこととされる。クシャーナ王朝のもとでインドの版図はガンダーラにまで拡大する。そこに僧院が築かれ、仏塔《ストゥーパ》が建てられ、やがて仏像が造られるようになった。そこで仏教そのものも大きく変質していく。

さて、インドで生まれた仏教がめざしたのは何だったか？

真理にめざめ、この世のむなしさを悟り、二度と生まれ変わることなく、完全に消滅しきること。――それは個々人の意志と努力によって到達すべき境地である。そこにいたるには想像を絶するほどの時間を必要とするであろう。並の私たちでは、生きているあいだには無理である。でも心配にはおよばない。それまでは何度でも生まれ変わるのだから。とにもかくにも自分の足で自転車をこいでいくしかない。

ところがガンダーラで仏教は俄然《がぜん》異質なものになった。まとめて掬《すく》いとろうという存在があらわれたのである。その救いようも千差万別になった。

いまだ真理にめざめてはいないが、それをめざして努力する人がいる。これを菩薩《ぼさつ》と呼ぶ。真理にめざめた存在になることが目標である。目標に到達した人を如来《にょらい》と呼ぶ。菩薩はみずから努力して如来になろうとしているが、自分のことはあとまわしにして、多くの人を助けるという。これもまた真理に向かう道筋のひとつとなった。

この話を聞いた人々は、自力で自転車をこぐのはやめにして、彼らの運転するバスに乗せてもらうことにした。自転車をこぎつづける自信のない人もいる。そうしたくても時間のない人もいる。けれど心配はいらない。つれていってくれるのは運転手さんなのだから。運転手もさまざまである。なんとか如来とか、かんとか菩薩とか、たくさんいるから誰でもよい。ただし、自分の運転手を信頼しないといけない。運転手さん、たのみます！――そういう自分の意志を表明することが大切である。あとはまかせきるだけだ。

大型バスに乗りかえる仏教があらわれた。大乗仏教の成立である。やがて中央アジアから中国をへて日本に伝えられたのは、インドの仏教そのままではない。西アジアで変貌した新しい仏教である。

さて、その新仏教はどのようにして生まれたのか。仏教の教義が自律的に展開をとげ、おのずから姿を変えたと考えることができる。けれどもまた、すぐとなりにあった別の宗教からさまざまな影響をこうむって、そのあげく仏教自体が変貌したと考えることもできる。

この変わりようをどう理解するか。教義の内側からの展開とみるか、外側からの影響とみるか。前者であれば、西アジアはたんなる舞台にすぎない。後者であれば、その場所が本質的な契機のひとつとなる。

ゾロは禁句

内からか、外からか？

仏像の成立についてもこの両方の見解がある。

仏像はガンダーラの地で、神々の姿をかたちにあらわすヨーロッパの古典古代の影響を受けて誕生した。――これはフランスの学者がとなえた説である。

いやいやそうではない。インド北部のマトゥラーで、バクティと呼ばれる絶対帰依の感情の高まりとともに礼拝像として誕生した。――インドの学者が反論してそう主張した。それからあと、長い論争がくりひろげられてきた。今なお決着はついていない。

さて日本ではどうだろうか。仏教にゾロアスター教の影響が、などと言おうものなら、たちまち眉をひそめられることが多い。なぜだろう。やはり日本で仏教を研究している人はお坊さんが少なくないからではないか。僧籍にある方々にとっては、ゾロ……なんてめっそうもない。

欧米の学者は、言うならば他人である。研究対象に選ぶくらいだから、仏教にもアジアにも共感はあるのだろう。しかし純血であることにまで同調する義理はない。大乗仏教の、あるいは個々の菩薩思想のゾロ起源説はなかなかにさかんである。

ヴァチカンでは布教聖省の戦略として、夜を日についで世界中の宗教を研究している。研究テーマは教会からあたえられる。世界のインド仏教研究をリードしつづけたベルギー人のエティエンヌ・ラモット神父も、そのひとりであった。

知りあいのイエズス会の神父さんから聞いた話である。ラモットが出てからこのかた、インド仏教の研究は誰もやりたがらない。それはそうだろう。とてもじゃないがかなわない。

天人（ミーラン出土壁画）

みんな尻込みして、ほかの宗教を研究テーマとして希望するそうだ。その神父さんはヒンドゥー教の専門家だった。

なかには研究しているうちに対象にのめりこんでしまう人もいるという。そうすると神父でも少し目がくもってくる。それがダメとも思えないが。

さてこのラモット神父は、大乗仏教のすべてではないにせよ、菩薩思想のいくつかにゾロアスター教の関与を認めている。

西アジアには仏教が伝わる何百年も前から、イラン原産の宗教がしみわたっていた。遅れてきた仏教はもちろんその独自性を主張したにちがいない。それでもその周囲からまったく影響を受けなかったとしたら、かえって不自然な気がする。

むしろ、いろいろなものを取りこんで混ざりあっていくことで、ゆたかさを増してきたのではないか。筆者はそのように思う。これは本書のテーマでもある。

天はゴールにあらず

中央アジアの天人には翼が生えている。いくらなんでも、これが仏教のなかから出てきたというのは無理ではないか。

中央アジアはすっかりイスラーム化されたので、かつてたくさんあった仏教寺院はどこも廃墟になっている。欧米や日本の探検隊がそこから塑像や壁画をはがして本国に持ち帰った。だから中央アジアの遺品というのは、欧米や日本の美術館でも見ることができる。天人をあらわした塑像や壁画はたくさんある。たいてい翼が生えている。

ところで、天人とは何か。

人が死んだあと生まれ変わる先は六つある、と仏教では考える。地獄・餓鬼《がき》・畜生《ちくしょう》・修《しゅ》羅《ら》・人《にん》・天《てん》の六つである。あわせて六道《ろくどう》という。

インドの言葉では、もともと「天《デヴァ》」は場所ではなく、そこに住む者を意味した。彼らが住んでいる場所は天界と言うべきだが、これが中国語になったときに、ともども「天」と訳された。以後は「天」は場所、そこに住む者は「天人」と呼ばれる。

地獄とひとくちに言ってもその種類がたくさんあるように、天にもいろいろある。地獄と同じように重層的に縦に積み重なっているという。下の方の天にいる天人には男女の別があるけれど、上の方だとその区別はないとされる。したがって天女というのは、下の方の天にいる女性たちである。

六道のどこに生まれ変わるかは、それまでに蓄えてきた善悪のエネルギーによって決まる。最高の天に生まれ変わることができたからといって、それでゴールインというわけではけっしてない。仏教におけるゴールインは、もはや生まれ変わることのない完全な消滅にいたることである。

その後、大乗仏教では極楽浄土《ごくらくじょうど》という別の生まれ変わり先を考え出した。たとえそこに生まれ変われたとしても、それは一時の生まれ変わり先にすぎない。ところが日本ではいつのまにか、極楽に往生できればそれでめでたしめでたし、ということになってしまった。少なくともインドで成立した本来の仏教にはそのような考え方はない。

天人が目をしばたくとき

さて、天人はどうやって生まれるのかというと、突然変異で生まれるのである。

仏教では、ありとあらゆる生き物には四つの生まれ方があると考える。

母親の胎内から生まれる。これを胎生《たいしょう》という。卵から生まれる。これを卵生《らんしょう》という。ここまではわかりやすい。しめったところから生まれる。これを湿生《しっしょう》という。虫だって卵から生まれるのだが、昔のインド人はこう考えた。最後のひとつが変わっている。何もないところから忽然《こつぜん》と生まれる。これを化生《けしょう》という。生物学的にはあり得ないが、目くじらを立ててはいけない。

天人は化生する。何もないところから……とはいうものの、しばしば蓮華《れんげ》、つまりハスの花から化生するとされた。

蓮華化生（雲崗石窟）

ハスの花びらから天人がぴょこん！と元気よくあらわれる。生まれ出た天人の手のひらから、今度はハスの花がぴょこんとあらわれ、それが次第に大きくなっていく。天人たちは巨大なハスの花びらのまわりを群れ飛んでいる。そしてそのうちのひとつから、また天人があらわれるのである。このくりかえしのさまは、中国の石窟《せっくつ》寺院などでたくさん見ることができる。

巨大なハスの花のまわりをワイワイ飛びまわっている、なんともおめでたい姿だが、そんな天人たちでも死ぬことがあるのか。

もちろんある。天人もいつかは死を迎える。それもなかなか凄絶な死を迎えるのである。天人の命が尽きようとするとき、五つの徴候があらわれるという。これを天人五衰《ごすい》という。そのさまは経典によっていろいろだが、たいていは次の五つである。

頭上の花鬘《はなかつら》がしぼみ、天衣《てんね》がよごれ、腋《わき》の下に汗をかき、しきりと目をしばたき、もはや天界の生活を楽しむことができなくなるという。

その苦しみは地獄の苦しみよりも大きいそうだ。天に暮らす天人でさえも、六道のなかにいるかぎり苦しみをまぬがれない。だからいつまでも生まれ変わりにこだわってないで、完全なる消滅をめざすべきなのである。

本題に入りなさい

さて、筆者こそよけいなムダ話ばかりしてないで、本題に入るべきなのである。

中央アジアから中国まで来ると、なぜ天人の翼がなくなるのか。

天人の翼がなくなる理由はなかなか複雑である。おそらくさまざまな要素がからみあっていて、とうてい一筋縄ではいきそうにない。はじめに述べたとおり、これはひとつの試案である。ここで手みじかに述べておきたい。

中国人は身体を傷つけたり損なったりすることを極端なほどきらう。それはほとんど恐怖に近い。人としての責任をまっとうしていくために、これは是が非でも守らねばならない。そこに儒教の教えが頑としてひかえている。それほどまでに欠如を忌避する彼らは、同時に過剰をも嫌悪したのではないか。だから翼などという異物を許容できなかったのだろう。天空を舞うのにそんなものはなくてもさしつかえない。——ここから先は中国思想のなかで捉えるべき問題になってくる。つづきは次の章で。

第四章　翼をなくした天女たち（下）

――孝との調和と相克

親にもらった体じゃねえか

なぜ中国では天人の翼がなくなるのか。この問題を中国思想の面から考えていこう。

『孝経《こうきょう》』という儒教の経典がある。その出だしにこうある。

身体髪膚《しんたいはっぷ》これを父母に受く。あえて毀傷《きしょう》せざるは孝のはじめなり。

自分の体は両親からいただいたものである。これを傷つけたりしないことが「孝」の第一歩だという。体を大事にしないようなやつはバチがあたるのだ。

日本のヤクザも言うではないか。「親にもらった体を粗末にしやがって」

これは背中にべったり倶利伽羅《くりから》紋紋《もんもん》を彫ってきたにいさんに親分が言うセリフ。別にヤクザに説教されなくてもわかりきったことである。では、なぜ親からもらった体を大事にすることが孝の第一歩になるのか。

孝は言うまでもなく親孝行の孝である。これもわかりきったことと言いたいところだが、中国人にとっての孝というのは、私たち日本人が普通に考えている孝とはへだたりがある。

親孝行というのは生きている親につくすことである。亡くなったあとでは孝行のしようがない。だから言うではないか。「孝行のしたい時分に親はなし」――このことわざは、私たち日本人にとって孝の対象とする範囲がどこにあるのかを端的に示している。

では、中国人にとってどこがどうちがうのか？

儒教では人としての徳目のなかで何よりも「礼」を重んじる。しかもそれは孝からはじまるという。『春秋左氏伝《しゅんじゅうさしでん》』に言う。

孝は礼のはじめなり。

この文は儒教における孝の重要性をいうものとしてよく引きあいに出される。これだけなら私たちの常識の範囲とさほど変わりがない。ところで、この文はそもそもどのような文脈で語られたのか。

それは礼にかなった行為のひとつの例証としてあげてある。いわく、国王が即位したら親密な国との友好をよりいっそう固めるため、ただちに婚姻関係を結ぶが肝要。正夫人を迎えてともに祭祀をおこなうのが孝である。これこそ礼の出発点なのだ、云々《うんぬん》。

ここでは孝の具体的な実践は「祭祀」であると語られている。元気なおとうさんをまつったりはしない(なぐられる)。これはもちろん先祖の祭祀を意味する。孝とはすなわち、先祖をまつることにほかならない。

薄氷をふむがごとく

中国では孝とはまずもって先祖につくすことである。

では、生きている親にはつくさないのかというと、そうではない。親は先祖につながる。目の前にいる父母は現世の先祖である。それはかならず先祖の延長上にある。だから、先祖への孝が生きている親におよぶのはもちろんのこと。先祖を崇拝するのと父母に孝養をつくすのは、ひとつにつながっている。ただ、その方向はあくまでも先祖から出発している。

なぜ先祖をまつらないといけないのか。

儒教は霊魂の存在を肯定する（霊魂がないと考える宗教などあるのか?）。死者の霊魂は鬼神《きしん》と呼ばれる。その鬼神なる霊魂はどこにいるのかというと、仏教の六道のような次元を異にする世界は想定されていない。もともと天国も地獄も持たない中国人にとって、霊魂がいる場所はこの世をおいてほかにはない。

子孫とともにこの世にありつづける先祖の霊魂は、時をさだめ礼をつくしてまつられる。そうすることによって一族の紐帯《ちゅうたい》がたもたれ、秩序が維持されていく。ところがきちんとまつられないと、鎮まる所を得ない霊魂はいずこかにさまようしかなくなる。そうなったら始末に負えない。悪鬼となって祟《たた》りをなすかもしれない（このことは別の章でふれよう）。

儒教では鬼神の祭祀はその子孫によっておこなわれる。これが大原則である。それをおこなっていくためには、一族の存続がなんとしても必要である。『孟子《もうし》』は言う。

不孝というのは三とおりある。子孫をのこさないというのがもっともいけない。

孝ならざること三あり、とは言うものの、あとの二つは書いてない。あとはどうでもいいのであって（とも書いてないが）、とにかく後継ぎを絶やすこと以上の不孝はない。先祖の祭祀がおこなえなくなってしまうからである。

その祭祀にあたっては何が大事か。

孔子の弟子のひとりに曾子《そうし》がいた。曾子は臨終のとき、門人たちを呼んで語った。

私の足を見よ。手を見よ。『詩』にあるではないか。「戦々兢々《せんせんきょうきょう》として深淵にのぞむがごとく薄氷をふむがごとく」と。やっと私もその心配からのがれられるのだ。

『論語』に出てくる話である。それにしても、終わりに臨んでこの安堵《あんど》の大きさはなんだろう。この身を傷つけずに生を終えるということがどれほどたいへんで、そのためにどんなに小心翼々《しょうしんよくよく》と生きてきたか。それを語ってあまりある。これもひとえに身をまっとうするためである。とりもなおさずそれは、孝をまっとうするためであった。

いただいたままにお返しする

は、孔子の学問の正統を伝えたのはこの曾子だという人もいる。さきほど出てきた『孝経』とれないが、孔子の教えにもとづいて曾子が書き記したことになっている。これはそのままには受けにちがいない。それでもおそらくは曾子の学統につらなる人が師の説くところをまとめたものられている。漢代につくられた『大戴礼《だたいれい》』にも、曾子の教えがある程度まとまっておさめ

られている。そのなかに楽正子春《がくせいししゅん》という人の話が出ている。

あるとき楽正子春が階段をふみはずして足を傷つけた。ほどなく傷はなおったのに、いつまでも家にこもったままますっかり落ちこんでいる。門人が心配してたずねた。そこで門人に言って聞かせたのは、かつて孔子様が曾子先生に語った言葉だという。「父と母は自分を満足な体に産んでくれた。だから、命を終えるときにもすべてそなわったままでおもどしする。これが孝というものだ。この身を損ねなければ完全なままでいられる。一人前の男子たるもの、たとえ半歩をあゆむときでも、それを忘れてはならない」――それなのに自分はこの大事なことをすっかり忘れていた。だから落ちこんでいるのだ。

つまり、父母から欠けることのない体をいただいたのだから、欠けることなく生をまっとうしなければならない。そうでなければ孝とは言えないという。だからこそ、身体髪膚《しんたいはっぷ》を毀《き》

傷《しょう》させないことが男子一生の重大事になるのである。

生まれつき体の不自由な人がいることにはまったく目が向けられていない。女性にも目が向けられていない。これは古代中国のある階層の人々の、自分たち本位の考え方である。それにしてもこの考え方が二千年以上も存続してきた。これもまぎれのない事実である。

知られるとおり中国には残酷な刑罰がたくさんある。鼻をそぐ。足を斬る。男根を断つ。体の痛みはいつか消えるだろう。しかし問題はそこにはない。もはや孝をおこなうことのかなわぬ身とされたその心の痛みは、生きているかぎり消えることはない。身体刑の残酷さはそこにある。

先生の負けです

女子大に勤めていたときのことである。お行儀の悪い学生がいた。椅子の上に足をのっけている。注意するとすぐにおろす。しばらくすると足は椅子の上へ。また注意。

ある講義のとき、孝の話をした。先生はうしろめたさが多々ある。ほおっかむりして学生に聞いてみた。みなさんは何が親孝行だと思いますか？　――大学をちゃんと四年で卒業すること、という答えでも返ってくるかと思ったら、さにあらず。間髪を入れずその学生は答えた。

「親より先に死なないこと！」

まいりました。そのとおりです。先生はこのお行儀の悪いお嬢さんに完敗である。

まったくそのとおりだ。これ以上の親孝行は世界中どこを探しても見つからない。

学生はそれだけしか言わなかったし、こちらも聞かなかったが、よほど身につまされることがあったのだろう。そうでなければこんなにズバリと言いきれるものではない。その後しばらくして、おかあさんとふたりで四国へお遍路さんに行ってきました、と彼女は語った。

わかりあえるという幻想

誰もが知っている「孝」という字ひとつとっても、日本と中国とではずいぶんちがう。同じ言葉だと思っても安心できない。

日本はすぐとなりの中国から、じつに多くのものを学びつづけた。それでもはぐくんできた文化はおたがいに異質である。文字を持たなかった私たちの先祖は漢字を輸入した。漢字をくずしてひらがなを発明した。それを用いていながらも、言語の系統はまったくつながりがない。

津田左右吉《つだそうきち》に『シナ思想と日本』という往年の名著がある（岩波新書）。このなかなか過激な本のなかでそれはくりかえし説かれている。

中国人のものの考え方は、日本人の生活とかけはなれたところから出てきたものであり、私たちの生活におよぼしているものは何もないとまで言うのだ。原文のまま引用しよう。

「何よりも明白なのは、日本人の生活とシナ人のそれとがすべての点に於いて違ってゐる、といふことである。家族制度も社会組織も政治形態も又は風俗も習慣も、日本人とシナ人とに共通なものは殆《ほとん》ど無いといつてよい。道徳や趣味や又は生活の気分といふやうなものが全く違つてゐることは、いふまでもなからう」

となりの国だから、同じ漢字を使っているからと言っても、理解しやすいわけではない。中国は外国である。今の日本人にとってはまだしも欧米の方が近いかもしれない。いや、それも西洋かぶれの幻想かもしれない。

歴史を持たない民族

万物をはかる尺度は人間である。ギリシアとは成り立ちはまるで異なるものの、中国でも世界を規定していく基準は生身の人間であった。空間や時間の意識にそれがはっきりあらわれている。

すでに述べたように、霊魂となった先祖も、生きている子孫も、ひとしくこの世にある。異次元の空間は想定されていない。

中国人にとって「世界」とは、礼にもとづく秩序がおこなわれるところである。理念としては、すべての人間がそこに包摂されると言うかもしれない。しかしそれはあくまで中華の光がおよぶところ、という限定のうえに成り立っている。空間は区切られている。

同じように時間も区切られたそれである。一族の系譜として、また王朝の年代記としてたどり得る歳月が彼らにとっての時間である。

二十世紀のフランスを代表する中国学者《シノローグ》のひとりとして知られたマルセル・グラネは、その著書『中国思想《パンセ・シノワーズ》』のなかで述べている。中国人は彼らをとりまく時間や空間を、抽象的な概念として認識することに躊躇《ちゅうちょ》しなかった。とはいえ、それを具体的な人間の営為と切りはなして理解することはないと。

中国人にとって「歴史」とは、区切られた時間のなかでの人間の生の軌跡にほかならない。『史記』の冒頭には神話の王様がたくさん出てくるが、人間なみに出身地だの経歴だのがくわしく書いてある。とても神話の人物とは思えないほどである。そして『史記』のあとにつづく正史は、すべて時間を切りとった歴史、すなわち断代史《だんだいし》である。王朝の歴史であり、為政者の歴史である。あるいはそこに生きた人々の歴史である。それは現実のなかで奮闘し、成功し、挫折した個々人の足跡である。列伝の生彩にとんでいることは、中国の歴史書の大きな特色であろう。

中国人はそういう「歴史」を持っている。

ところで、どんな民族も歴史という観念を成り立たせてきたわけではない。

古代のインド人は、私たちの霊魂は生まれては死に、死んではまた生まれると考えた。生きとし生けるものはそれをくりかえしていく。それは輪が廻《まわ》るがごとくである。輪廻《りんね》という。さらに、私たちをとりまく世界はもっと大きな自然のサイクルのなかにある。世界は生成し、存続し、崩壊し、空虚になる。そしてふたたび世界は生成する。その無限のくりかえしのなかに世界はある。

生命といい世界といい、すべては始めもなければ終わりもない円のなかに終始する。時間は円環構造をなしている。現在がその円のどこにあるかを問うことは意味がない。過去の出来事との相対的なへだたりは定めがたい。かくしてインド人は歴史という観念をはぐくむことなく、具体的な歴史叙述に力を尽くしてこなかった。そのかわり彼らは無限の想像力を神話のなかに解き放ったのである。

ありあまる前世

サイクロンの民のほとばしる想像力は、仏教文学のなかにも花開いていった。

ゴータマ・シッダールタ、普通には釈迦と呼ばれるその人は、生まれては死に、死んでは生まれるそのくりかえしの末に、今から二千数百年前のインドで、もはや生まれ変わることのない完全な消滅にたどり着いた。そこにいたるまでには数かぎりない前世の積み重ねがあったはずである。

釈迦の前世の物語をジャータカと呼ぶ。本生《ほんじょう》と漢訳される。前世を想像にゆだねることがゆるされるならば、無限の物語をつむぐことができるだろう。実際にインドで厖大《ぼうだい》な数のジャータカが生み出された。文字による物語として伝えられているだけでも五百にあまる。絵や彫刻にあらわされたものも数多い。なかには絵や彫刻だけが残っていて、文字による物語がうしなわれてしまったものも少なくない。物語にも絵画にも痕跡をとどめなかったものは数知れずあるだろうから、つくられた総数となると見当もつかない。

ジャータカは南アジアで大量生産され、東南アジアにも中央アジアにも流通した。中央アジアから中国への玄関口にあたる敦煌《とんこう》に伝わり、石窟寺院の壁を埋めつくした。ところがそのあと、中国に入ってからは次第に影をひそめてしまう（伝来の初期には本生集成の漢訳もおこなわれている。そのひとつ『六度集経《ろくどじっきょう》』は綿密な邦訳が最近刊行された。六度集経研究会『全訳 六度集経——仏の前世物語』法藏館）。

その先となると、韓国や日本にはわずかしか伝わっていない。『今昔物語集《こんじゃくものがたりしゅう》』をはじめとする説話集にいくつか収められているが、もともとの数の多さからすればごくわずかでしかない。絵としては法隆寺にある玉虫厨子《たまむしのずし》の扉絵が知られるだけである。

なぜジャータカは東アジアではそれほど受容されなかったのか。

シビ王本生（敦煌莫高窟）

これも天人の翼とともに考えてみたい問題である。やはりいろいろな理由がからみあっているが、ここではふたつの理由が思いあたる。

ひとつは釈迦の前世が人間ばかりでなく、さまざまな動物だったことに由来する。アジアの南と東では動物相《フォーナ》（一定の地域に棲息する動物の種類）が異なる。ジャータカに出てくる動物のなかには中国にいないものが少なくない。文字に記されていても、まったく想像できないものもあったはずである。

たとえば象はそのひとつである。古代中国に象がいたことは甲骨文字をはじめ文献の記録からも明らかだが、大規模な気候変動によって棲息地が移動してしまった。象は普賢《ふげん》菩薩のまたがる動物なので、文殊《もんじゅ》菩薩の獅子（仏教では「師子」とつづる）といっしょに古い寺院の装飾などで見かけるが、天狗の鼻よりちょっと長いのがまっすぐ突きだし、両脇にひれひれがついていたりする。仏教が伝来して世代をへるうちに、ホースのように長くてしなやかな鼻など、もはや想像もできなくなっていたのだ。

ジャータカに出てくる動物の多くは東アジアの人間にとってなじみのないものだった。それが原因のひとつだろう。

ご先祖様はどうなる！

理由のふたつ目は、この章のサブ・テーマである孝にかかわる。

ジャータカは前世の釈迦がどれほどの善行を積んできたかを語ったものである。そのなかには、みずからを犠牲にして他人を（あるいは動物を）助けたという話が多い。つまり自己犠牲の物語である。たとえばこんな話がある。

あるときシビという名の王のもとにハトが逃げこんできた。タカのえじきになりそうになって王に助けを求めたのである。慈悲にあふれた王はこのハトを救おうとした。するとタカは、「わしも腹がへって死にそうなんじゃ」と叫んだ。そこで王は代わりに自分の肉をあげようと言う。タカはハトと同じ目方だけくれと言う。王は刀で足の肉を切りとって秤《はかり》にのせた。このハトは小さいくせにやけに重くて、秤はいっこうにつりあわない。おしりの肉も胸の肉も切りとったがまだダメ。とうとう王は気絶した。……そこでタカが正体をあらわす。タカはじつは帝釈天《たいしゃくてん》であった。帝釈天は王の慈悲の心をたたえ、ずたずたになった体をもとにもどしたのであった——。

この物語のなかで、肉を切りとってさしだす描写もすごいが、なにより体の一部をアカの他人にあげてしまうというのが理解しにくい。孝に生きることに至上の価値を認める中国人にとっては、思いもよらない愚行ではないか。これほどの不孝はまたとあるまい（のちに中国では股の肉を薬として親に食べさせることがおこなわれたが、これは親の病気を治すためだという）。

ジャータカのなかには他人に妻子を施してしまうのもある。子どもがいなくなったら先祖の祭祀はどうなるのだ。自分の体をまるごとさしだす話もある。ご先祖様はいったい……。

中国人の心情からすればジャータカが受けいれられなかったのも無理からぬことだろう。

多すぎてはダメ

天人の話にもどろう。

中国では現実に生きる人間の姿がすべての基準であった。このような国にあって、身体の欠如を極端に恐れる意識は、同時に過剰への不寛容につながったのではないか。

古い時代には目の四つある神がいた。蛇の身体をもつ神々もいた。中国人はそういう神話を有していた。しかし、孔子が鬼神を敬いつつも遠ざけると語ってこのかた、人々は神話の世界まで遠ざけてしまった。

やがて仏教の諸菩薩が中央アジアからやって来る。なかにはヒンドゥー教の影響を受けて、手だの顔だのを満載した姿も少なくなかった。しかし、これも次第に淘汰《とうた》されていく。千手観音《せんじゅかんのん》の千本の手は、絵や彫刻にあらわそうとすればできないことはない。しかし実際には、省略され切りつめられて四十二本になった。それもいつしか光背と見まごうばかりになって、手らしいのは胸元で合掌している二本に落ちつく。千足観音というのもある。ムカデの親分みたいだが、これはラマ教の影響を受けたものだから、かならずしも中国人のおおもとの漢民族がたっとんできたとは言えない。

翼がなくなった天人は、中国の周辺へも広まっていった。韓国でも日本でも天人には翼がない。

ところで、中国の周辺と言うとき、そこにはもちろん中央アジアもふくまれる。仏教は中央アジアをへて中国へ伝わった。しかし、つねに一方向からの流れがあっただけではない。中国的に変質した仏教が中央アジアにも逆輸入されている。中国製の疑経が中央アジアのさまざまな言語に訳されたほどだ。中央アジアに中国製の品物が広く行きわたったことを考えれば、宗教とて例外ではなかろう。

タクラマカン砂漠の北、天山《てんざん》山脈の南にキジルの町がある。その郊外の石窟寺院は美しい

天人（龍門石窟）

色彩の壁画で知られる。そこに描かれた天人には翼がない。

このキジル石窟の天人は法隆寺金堂の壁画とよく似ており、その遠い源流であるという説明をときおり見かける。これはどうだろうか。

キジルでは壁画も塑像もいかにもインド風である。だからインドから中央アジアへ、中央アジアから中国へという流れをつい私たちは考えてしまう。それは仏教のふるさとであるインドを中心として考えるからではないか。しかし仏教は単純に西から東へ伝わっただけではない。キジルに中国文化の影響を認めない意見もあるが、これは再検討が必要と思う。

法隆寺の再建は八世紀である。キジル石窟の造営については確かな史料がないため、研究者によって年代にかなり開きがある。はたしてどこまでさかのぼれるだろう。中国では五世紀に翼のない天人の像がしきりに登場する。もし源流と言えるものがあるとすれば、中国にあったと言うべきである。それがかたや西へ伝わってキジルの壁画となり、かたや東に伝わって法隆寺の壁画となったのではないか。

人とちがうのもダメ

ようやくアジアの東のはずれまでたどり着いた。

ここは島国。波のおだやかな春の朝である。松林の海岸がどこまでもつづいている。松の枝にかかっている妙《たえ》なる衣を漁師が見つけた。家宝にしようと持ち帰ろうとすると、天女があらわれ呼びとめる。「悲しやな、羽衣《はごろも》なくては飛行《ひぎょう》の道も絶え、天上に帰らんこともかなふまじ」とて、せつに返却を求めるが、漁師は応じる気配がない。

天女はすっかりしおたれてしまい、「涙の露の玉蘰《たまかずら》、挿頭《かざし》の花もしをと」たちまち五衰の相があらわれだす。漁師は気の毒に思い、羽衣を返すことにした。天女はよろこび、舞をひとふし舞ったのち、宝を地上にふらしつつ天にもどっていった。

能の『羽衣』のあらましである。

ここに出てくる天女の舞は、駿河舞《するがまい》という名で今に伝わる。駿河の国に天女が降りてきて舞を披露した。それをうつしたのが駿河舞だという。この言い伝えに古くからある羽衣伝説を結びつけたのが、能の『羽衣』とされる。

羽衣伝説は古代の『風土記』にすでに登場する。場所も駿河だけでなく、近江《おうみ》や丹後《たんご》にも伝わっており、似たような伝説は全国にあるという。さらに言えば、この話は民俗学でいうところの白鳥処女説話の一類型なのである。

白鳥にかぎらない。なにかの動物が人間にばけて若い女の姿であらわれる。男がその女の衣を隠して妻にするが、そのうち女は衣を取り返し、動物の姿にもどって去っていく。——

似たような話は世界中に分布しているそうだ。こんな話をはじめるとまたぞろ大風呂敷になってしまうので、ここまでにしたい。

さきほどの能について言えば、そこには天人五衰が語られていた。いったんその徴候がはじまったらもはや回復はあり得ないのだが、固いことは言わない。それよりもなによりも、かつて広大な中国の大地を翼なしで飛びまわっていた天女は、日本へ来ると羽衣なしには飛べなくなってしまったのである。これではただの人間と変わるところがない。彼女たちがたどり着いた東の国は、あわれ、人にすぐれた能力はゆるされることのない国であった。

天女もしかと心得よ。

みんな同じが大好き島国！

☞暗記しなさい。

第五章　人を呪わば穴ふたつ
――心がすさむとき求められるもの

呪いマニュアル大繁盛

「呪《のろ》い」だの「呪術《じゅじゅつ》」だのに関する本を探してみれば、おどろくほどたくさんある。小説やコミックはもちろんのこと、「呪い大全」のたぐいまで出ているありさま。映画の『陰陽師《おんみょうじ》』がはやったころはすごかった。呪い殺しのマニュアル本やDVDに、実践用の呪文がついていたりする。どうやら世間には呪いマニアがけっこういるらしい。これはこれで無視できない現実だろう。

そんなマニア向けの本には、おどろおどろしくまがまがしい写真や絵がむやみに載せてある。しかし実際に残っている宗教文献のなかには、具体的な呪いの方法を書いたものはめったにない。これにはもちろん理由がある。ちまたにあふれた呪いの本に書いてあることは、たいてい推測にすぎない。なぜそこまで断言できるのかは、のちほどふれたい。

ところで、人はいったい何を呪うのか？

特定の個人を呪う。自分をおとしめた人間を呪う。家族を苦しめたやつらを呪う。娘が恋がたきを呪う。妻が亭主を呪う（えっ⁉）。

特定の集団を呪う。組織を呪う。役人を呪う。あるいはもっと漠然とした不特定の、たとえば人間社会そのものを呪う。国を呪う。郷里を呪う。……たくさんの人間がいて、うごめいている社会があるかぎり、呪いのない社会などない。

それはけっして特別なことではない。「こんなに働いても、なんで貧乏なんだ」とか、「がんばってるのに、誰も認めてくれない」という愚痴《ぐち》。そのなかには、すでに世間に対する呪いがいくぶんかふくまれている。

もっとも呪う相手が自分の外側にあるうちはまだマシかもしれない。他人を呪う、そのあげく自分を呪うようになる。

まずは自分の運命を呪う。そういう運命をさだめた神を呪い、自分の生まれた日を呪う(これは『旧約聖書』によく出てくる)。ついには自分の存在自体を呪う。自分がこの世に生まれてきた、そのことすら呪わずにはいられない。――ここまで来ると、もはや他人だの社会だのとの関係ではなくなってしまう。

これも別にめずらしいことではないと思う。「いっそ死んじまいたい」……これだって自分への呪いに変わりはない。

命が粗末にされる現実

二〇〇四年に日本学術会議によるシンポジウムが開かれた。「いのちとこころ――宗教の視点から」というテーマで、神道、仏教、キリスト教、イスラーム、道教それぞれの学会から報告がおこなわれた。

新しい世紀になって欧米や中東では自爆テロが横行している。その背後に一神教同士の対立があるのは言うまでもない。また、日本ではとりわけ青少年のあいだで命を軽視した行為が激増し、心の荒廃ということが憂慮されていた。

それはちょうど地下鉄サリン事件の実行犯に対する裁判がはじまったときだった。心が荒廃し命が軽視されがちな現代にあって、かつて宗教が人の心と命の問題にどのように向きあってきたかを見なおし、そして今、宗教に何ができるのかを改めて考える、というのがシンポジウムの趣旨であった。

そのおりに筆者は、「心がすさんで命がないがしろにされるとき」というタイトルで、道教における呪いの問題について報告した。

命が粗末にされることを憂えるなら、命が粗末にされてきた現実を見すえねばならない。しかもそこに宗教がかかわってきた、ということを直視すべきではないか。――どうも問題の立て方が素直でないが、もともと筆者の根性がひねくれているのでこうなってしまう。

まずはじめに、道教を生活の根底におく人々が日常において理想としてきたものは何か、ということから考えた。そして、その理想を実現するために、さまたげとなるさまざまな災いに対し中国人がどのように対処してきたかをたどった。

さらにその災いを払おうとするとき、それが他人に災いをもたらす結果になることだってある。無意識にそうなるときもあろう。しかしまた、意図的に他人に災いをもたらすことさえおこなわれた。そこには、恨《うら》みにもとづく呪いもある。

宗教は道徳とはちがう。心をやすらかにし命をいつくしむのが宗教の役割、とばかりは言えない。恨みや呪いにも宗教は深くかかわってきた。むしろ、心がすさみきって命までないがしろにされそうなとき、そのとき人々は宗教に何を求めたのか。——そんなことを論じてみた。

というわけで、ここから先はシンポジウムの実況中継。

七福神のじいさんの正体

昔の中国では社会生活の規範は、あくまでも儒教の教えであった。もっともそれは表向きのことである。人々の日々の暮らしのなかには道教がしみこんでいた。

そんな中国人の生活において理想とされてきたものをひとつの言葉であらわすとしたら、やはり「福禄寿《ふくろくじゅ》」がふさわしい。

七福神のなかに福禄寿という仙人みたいな御老体がいる。名まえのもとは「福」と「禄」と「寿」という幸せの三つのありようを意味した。それをひとつにこり固めたのが七福神のあのじいさんである。

「福」とはまずもって家庭の幸福をいう。家というものが社会の単位として大きな意味を持っていた中国では、幸福はもちろん家の繁栄を前提とする。そのために子どもがたくさん生まれることが、福の具体的なありようだった。貧乏と子だくさんを天秤にかけたとしても、かたむく方は決まっていたのだ。

次に「禄」とは役人の給料のことである。なるなら役人にかぎる。なにしろ中国人が学校で最初にならう単語は「賄賂《わいろ》」だという（全然おもしろくもないこのジョークは、それでも歴史だけは古い）。賄賂をしこたま溜め込んで財産を築くのである。それは富と権力とをふたつながら手に入れることにほかならない。

さて、そのようにして一族が繁栄し、地位も財産も思うがままになったとしても、人生を存分に楽しまなければなんにもならない、と中国の人々は考えた。そこから「寿」つまり長生きをたっとぶ考え方も出てくる。

彼らは徹底して現世《げんぜ》利《り》益《やく》を追求する。道教をたのみにする人々にとっては、現世で福禄寿を獲得すること、そのために命をながらえることが最大の目標となったのである。

蘇州年画「寿」（パリ国立図書館）

さらにその先には不老不死へのあこがれがある。なんとしてもこの世にとどまりたいわけだ。お釈迦様が聞いたら腰をぬかしてしまいそうな教えではないか。天国や極楽へのあこがれなど、どこにもありゃしない。

さて、そうして健康と運にめぐまれ福禄寿が実現されたなら、そのとき心は満たされ、命はいつくしまれるにちがいない。そんな状態を実現させるためには、また、それを維持するためには、あらゆる災難がふりかかってくるのをふせがねばならない。

娘のためなら父は

昔の中国人は、災難というのはどれもこれも悪鬼がもたらすものと考えた。鬼と言ってもトラのパンツのオニとはちがう。かの国で死者の霊魂を鬼神と呼ぶことはすでに述べた。手厚くまつられれば神となって子孫を見守る。しかしきちんと葬られていない死者の霊、あるいは悪しき状態で死にいたった人の霊魂は、悪鬼となってさまようしかない。

この悪鬼どもを駆除して災難を解消させることは、道教の坊さんである道士《どうし》にとって大事な仕事だった。道教の経典には悪鬼を追い払うための呪文やお札がたくさん出てくる。

悪鬼がもたらすあらゆる災難からのがれるためには、道教のお札である符《ふ》を肌身はなさずたずさえ、道士に祈ってもらう。それは福禄寿をかなえるためのまじないであり、「祝《しゅく》」と呼ばれた。祝《いわ》いのまじないである。

災難にもいろいろあろう。病気や自然災害もある。中国では洪水や飢饉よりもうとましいのは苛酷な政治だという。また、たとえ国がよく治まっていたとしても、いつなんどき隣国が攻めてこないともかぎらない。

戦争という事態に直面したとき、誰だって祖国の安泰を祈る。それは同時に敵の敗北を祈ることでもある。こうして敵国折伏《しゃくぶく》のまじないがおこなわれた。それは敵国の軍隊のみならず、敵国の民すべてに災いをもたらすまじないである。つまりは呪いにほかならない。真言宗《しんごんしゅう》には太元帥明王法《たいげんみょうおうほう》が伝えられている（「帥《すい》」の字は読まないのが宗派の伝統）。怨敵《おんてき》殲滅《せんめつ》のための秘法である。その修法は命がけだった。秘法中の秘法であるがゆえに、これを修する者が命を落とすことさえあるという。

ところで、シンポジウムのテーマそのものが深刻なことがらなので無理もないが、なんとなく会場の雰囲気は重苦しく、お通夜みたいになってしまった。なんとかしなければ。

「今年は娘が受験したので初詣にも出かけました。――どうか娘が合格しますように（柏《かしわ》手《で》）。娘のお友だちも同じ学校を受験しますから、お友だちもいっしょに合格しますように。……いえいえ、神様、そこまでぜいたくは申しません。うちの娘だけでけっこうでございます。――とまあ、まったく身勝手な話ですが、要するに大切な家族のためには誰でも幸せを祈ります。その一方で、それをさまたげたり、おびやかしたりするものには、呪いさえかけるわけです。いや、あの、娘のお友だちに呪いをかけたのではございません」……少し笑いがあった。

シンポジウムのコメンテーターは、日本宗教学会の会長をつとめた島薗進《しまぞのすすむ》氏である。島薗先生、「私たちの願望というのもたしかに身勝手なものです。なかには娘さんの幸せを願うあまり」と発言されたら、会場は大爆笑であった。

毒虫オンパレード

呪いの方法にはどんなものがあったのか?

これは民俗学や人類学の巨大なテーマである。古今東西これでもかとばかりに多種多様な方法があみだされた。しかし、実際に文献に記述されたものはいたって少ない。道教の経典を集大成した厖大な量の道蔵《どうぞう》にも、呪いの方法そのものについての記述はあまりない。むしろたくさん出てくるのは、呪いを封じるための儀式の方法である。これはかなり多い。ということは、それだけたくさん呪いの方法もあったわけだが、それが具体的に記された場合というのは多くない。これは道教だけにかぎらない。

考えてみたらあたりまえかもしれない。正統と判断された文献が聖典として伝えられ、異《い》端審問《たんしんもん》にかけられたものは闇に葬られる。これが宗教の歴史のつねだろう。聖典が編纂《へんさん》されていく過程で危険視されたものは、ふるいにかけられてしまう。

そもそもが秘法であるならば、ゆるされた者だけにひそかに伝えるべきもの。そんな危なっかしいものをどこかに書きとどめて、まかりまちがって他人に見られでもしたら、効果は立ち消え、権威はガタ落ちではないか。人にも知らせず文字にも記さない。それこそが呪いの本質にかかわることなのだ。

中国には昔から蠱毒《こどく》と呼ばれる方法があった。

それは紀元前の秦漢時代からおこなわれており、もとは中国西南部の民族が伝承してきたとされる。ことに苗《ミャオ》族など少数民族の女性がたずさわったという。今なおこの習俗を伝える人々のいることが報告されている。

しばしば政治抗争にも用いられた。律令にはこれを用いた場合の罰則規定があるほどだ。唐の時代には人道にそむく罪の最たるものとされ、犯した者は極刑に処せられた。

それほどに恐れられた呪いの代表格ではあるが、なにしろ極秘で実践されただけあって、具体的な方法はよくわかっていない。

律令の注釈書には、毒虫を共食《ともぐ》いさせて生き残った一匹から毒を製造するとある。ほかにもいろいろな製造法があるというが、残念ながらそれ以上は書いてない。ムカデだのサソリだの毒グモだのを集めて、時間無制限一本勝負のデスマッチをやらせたのだろう。食い殺しあったあげく、生き残ったヘビー級チャンピオンから毒を抽出したのか。

これだけしかわかっていないから、あとは小説家の腕の見せどころ。大ヒットした『陰陽師』に出てくる三毒虫の外法《げほう》というのはまさにそれだろう（夢枕獏『平成講釈　安倍晴明伝』中央公論新社）。

ヒキガエルはヘビに呑まれ、ヘビはナメクジに皮を侵され、ナメクジはヒキガエルの餌食《えじき》になる。この三すくみをかたっぱしから土鍋に放りこんで蓋をする。ぐにゃらぐにゃらとからみあっているところを火であぶり、底にあけた小さな穴からしたたり落ちるドス黒い油をためておく。紙の人形《ひとがた》に呪う相手の名を書いて、急所急所に油をたらす。それを紙に包んで封印し、本人の肌身にふれさせる。うひゃ〜。

☞よい子はまねしてはいけません。

呪いの桐人形

南方には挑生術《ちょうせいじゅつ》という呪法が伝わる。魚類のなま肉を食わせて、腹を食い破らせる。料理した肉でもよい。呪いをかけると胃袋のなかでもとの生きた姿にもどり、腹を裂いて出てくるという。ひえ〜。

人形《ひとがた》に呪いを移す方法も、中国ではかなり古くからあった。厭魅《えんみ》と呼ばれ、これも唐代の律令の注釈書に言及されている。人の姿を描いて目に釘をさし、胸をえぐるのだという。要するに遠隔操作による類感《るいかん》呪術のたぐいである。にくい相手をこれで苦悶《くもん》させ、死にいたらしめることができると信じられた。かならずしも立体でなくてもよい。紙や布でもできるのだから、今ならばスマホ写真でもＯＫだ。

呪いと言えば藁《わら》人形がすぐにも思い浮かぶが、中国では二千年も前の後漢のものとされる金属製の人形が残っている。古くは桐の木でつくられ、「桐人《どうじん》」と呼ばれた。なぜ桐かは諸説紛糾。

奈良の平城京遺跡から木製の人形が出土している。胸に木の釘を打ちこんで呪文を記したものがある。わが古代の朝廷でもさかんにおこなわれたのか（恨みをいだく霊魂の遊離を阻止すべく釘で封じたという民俗学からの説明もある）。

長屋王《ながやおう》が自刃に追いこまれたのも、そのような嫌疑をかけられたためだとされる。また、奈良時代の終わりごろ、宮中の女性たちが佐保川《さほがわ》から拾ってきた髑髏《どくろ》に天皇の髪を入れて厭魅をおこなった。これは官撰の歴史書である『続日本紀《しょくにほんぎ》』に記されている。

地域によっては今も流《なが》し雛《びな》の習慣がある。中国でも昔は雛人形を川などに流した。陰暦の三月三日に水辺で禊《みそぎ》し、子どもの病気やけがれを人形に移して流す。人形は言うならば人間の身代わりにされたのである。他人を呪い殺すために人形を用いるのとは方向が逆だが、その原理は共通している。

宗教者と歴史家の元祖

中国では祝いと呪いのいずれにも道教が深くかかわってきた。

ところでこの「祝」と「呪」、意味は正反対でも、文字はもともと兄弟分である。祝の示偏《しめすへん》は、いけにえを載せて神をまつる台であり、祭壇をかたどっている。旁《つくり》の「兄」は、ひざまずいて器をさし出す形象とされる。『説文《せつもん》』のような昔の書物には、口を上に向けて申しあげることとしてあるが、現在の文字学では、たまわったものを受ける器と解されている。「兄」の上半分がその入れ物である（この説にも批判がある）。

誰から何をたまわるのかというと、それは天から天の意向をたまわるのである。

紀元前五世紀ごろの史料にすでにこの字がある。天からたまわったものを言葉で発するのが「祝」であり、それを文字に記すのが「史」と呼ばれる役人であった。後者は歴史家の遠い祖先である。

「呪」の字は紀元前の史料からは今のところ見つかっていない。『説文』にも出てこない。

鬼（トルファン出土写本）

これは「祝」から分かれ出た字と考えられている。だから「呪」は「祝」の弟分である。

　祝にしても呪にしても、そこに天という第三者が介在するところに、中国の古い思想の特色がある。では天とは何かというと、これは中国思想の大問題になるが、ここではひとまず至高の道理をになう存在であると理解しておきたい。

　それは人格神とはちがう。神様らしい顔は見えてこない。天は至高の道理、すなわち天理に照らして命令をくだす。祝福も呪詛《じゅそ》もいずれも天の意向、すなわち天命によってもたらされる。

　だから呪いといっても、誰かの怨念が電波のようにじかに相手に伝わって危害をおよぼすわけではない。天に向かって祈った結果、天がその祈りを受けいれ、相手に祝福を、もしくは呪詛をくだすという仕組みである。

ただ、この考え方にはなんだかヘンなところがないでもない。呪詛される側の行為がたしかに非道なものであるなら、わざわざ要請がなくても天罰がくだったらよさそうなものだ。「天網恢々疎《てんもうかいかいそ》にして漏らさず」とは言うけれど、これでは網の目もずいぶん粗《あら》くないか。

古代の中国では、呪いは個人的な秘密の行為であるよりも先に公式の儀礼であった。国家祭祀であった。朝廷にはそのための役人がいて、呪詛の文を作成した。やがて方士《ほうし》と呼ばれる人々がこれにたずさわった。後世の道士につらなる宗教者である。

古代帝国が崩壊したのち、中国は分裂と動乱の時代にふたたび突入する。そのころ西域から仏教が伝わり、やがて道教も教団を成立させていく。それからあと、どのような人々が呪いにたずさわってきたのか。

呪いに手をかす人々

『呪媚経《じゅびきょう》』という仏教の経典がある。蠱毒を封じこめるために用いられた。中国でつくられた、いわゆる疑経のひとつである。異端の嫌疑をかけられ地上から姿を消していたが、名古屋市の七寺《ななつでら》で古い写本が見つかった。次のように言う。

その昔、給孤《ぎっこ》独園《どくおん》にふたりの老婆がいた。狐《キツネ》の穴の前で脂火《あぶらび》を焚き、夜ふけてから星の下であやしげな蠱毒をつくった。また、蒲《がま》の穂で人形《ひとがた》をつくって呪いを移した。

このような呪いに対しては、しばしば仏教の僧侶がその防御にたずさわった。とりわけ密教のなかでも雑密《ぞうみつ》と呼ばれる部類の経典には、そのための呪文がたくさん出てくる（雑密という言葉は中国の文献には見えないが、呪法によって現世利益をはかる密教の一部を日本でそう呼びならわした）。

だがそれとならんで、あるいはそれ以上に道士がかかわる場合が多かった。それだけ人々にとって切実な願いに道教がこたえてきたのである。

これは中国宗教史における道教と密教の接点や共通性を考えるうえで重要なことだと思う。人の心の問題に対して、もっとも低く見なされてきた宗教者が、じつはもっとも必要とされている。そういう事実に注目したい。

道教の教団はしかし、呪法を排除しようとくりかえし努めてきた。道士のなかにも信者のなかにも呪法を低く見なして遠ざけようとする傾向があるのだろう（研究者にもこの傾向はある）。ところが多くの人の期待にこたえていくためには、結局はどこかに呪法を温存し、あるいはふたたび取り入れていくしかなかった。

中国や台湾には、紅頭《こうとう》と呼ばれる道士がいて、もっぱらおめでたい儀式にまねかれる。かたや烏頭《うとう》と呼ばれる道士は、葬式などの死者儀礼にたずさわっている。両者は系統や分布のようすも異なり、地域によってちがいはあるけれども、一般には紅頭道士の方が格が上とされる。葬式専門の烏頭道士は、どちらかと言えば下級の宗教者と見なされた。キョンシー映画に出てくるのはこのたぐいである。

さらに占いをなりわいとする道士もいた。あるものは病気や虫歯の治療もした。医者のいない田舎では、これはなんとしても必要なことだった。「医は仁術」と言うが、それは高級な人々にとってのこと。あたりまえの世間では「医は呪術」であった。もちろん中国だけにかぎらない。

日本の歩き巫《みこ》のような口寄せをする霊媒師もいた。賤民とまでは言えないにしても、ひとつところに定住することのない人々であった。口寄せだけで食えなければ、商売でも売春でもして歩いたのだろう。

そんな人々が呪いにかかわってきたのである。

現在の中国では、道士はなにがしかの教団組織に所属するしきたりになっている。しかし民間には教団とかかわることなく、あやしげな儀式にたずさわる道士も依然たくさんいるという。もっともこれを「道士」と呼んでいいかどうかは疑問であり、彼らがなりわいとしているものをただちに「道教」と呼ぶこともできないだろう。むしろ民間信仰の職能者と呼ぶべきかもしれないが、ともかくも葬式などの際に道教まがいの儀礼をおこなう人々がいることはまちがいない。

浮かばれない死者だの亡霊だのを相手にするのは、だいたいが底辺の宗教者と見なされている。これはカトリック教会の悪魔祓い師《エクソシスト》が高位聖職者であるのと対照的である。

しあわせの裏側

幸福を求めるその裏側には呪いがある。宗教はそのどちらにもかかわってきた。あえて極端な言い方をするならば、救いとともに呪いを求める心が宗教を生みだしたのではないか。

これはもちろん宗教というものを突きつめて考えた場合のことである。

ところで、そんなことを考えさせる書物としてまっさきに思い浮かぶのは、筆者にとっては『旧約聖書』のいくつかの書である。

『旧約聖書』は罪と罰の記録である、とはよく言われることだが、じつは全編これ呪いに満ちあふれた書物でもある。

旧約の神にとって、祝福という行為はもちろん大きな意味を持っている。けれどもそれと同じくらい、呪いが絶大な力をもって人間に臨む。新約の神であれば汝の敵を愛せよというところだが、旧約の神はまずなによりも「呪う神」である。そこには神の裁きへの期待がひそんでいる。しいたげられた人々は神が沈黙をやぶるときを待ちつづけている。

「詩篇」はうたう。「私は虫けらだ。人ではない」……人々は彼をいやしめ、あなどり、あざけり、ののしった。そのあげく、「私の骨はことごとくはずれ、私の心は蠟《ろう》のように胸のうちで溶けた。私の力は陶器の破片のようにかわきはて、私の舌は顎《あご》についた」とある。

舌が顎につくなどというのは、そういう境涯につきおとされなければ実感できそうにない。自分を虫けらとまで言わせてしまう。ここまで自分をおとしめてきた者がいる。そんな絶望のきわみにあってさえ、神をよりたのむ思いはなくならないのか。

神はいつか立ちあがる。しいたげた者どもを打つために。

誤解しないでいただきたい。『旧約聖書』が呪いにあふれているということは、けっしてその価値を低めはしない。むしろ逆だと思う。そこにこそ旧約のはかりがたい重さがありはしないか。

そして同じように注目したいのは『老子』である。

ながらえてあればいつか

『老子』は全編が独白《モノローグ》である。対話の相手などいない。心は閉ざされている。

人々は楽しそうに宴《うたげ》のもてなしにあずかり、まるで春に高台の上でうかれているみたいだ。
私ひとりはひっそりとしたきり、何もはじまりそうにない。
人々はみんな満ちたりている。私だけはとぼしいまま。
人々はみんな輝いている。私だけがぼんやりしている。
人々はみんな生き生きしている。私ひとりやりきれずに、まるで暗闇にいるかのよう。
おろおろするばかりで、いる場所さえない。

ときおりもれてくるのは、世間から見捨てられた人のためいきばかり。孤独なつぶやきだけが、かすかにひびいてくる。

　踏みつけられた痛み、おとしめられたくやしさ、それが文字のうしろに隠れている。「世間の人はみな美しいものを美しいと思っている。それはじつは醜いものだ」……このひねくれた暗さはいったいなんだろう。筆者はそこに心ひかれる。

　老子の絵というのは、どれもこれも年老いた隠者の姿で描かれている。だが『老子』という書物を読んでみれば、隠遁《いんとん》のすすめなどどこを探しても出てこない。それどころか、なんとしても世にありつづけようとする。そのへんがひとくちに「老荘思想」とは言っても、『荘子』とは本質的にちがうところだろう。

『老子』は、理想としての「道」を、たとえば山あいの「谷」になぞらえている。あるいは水が流れこむ「淵」のような低いところになぞらえている。あるいはまた、低いところに流れる「水」になぞらえている。

　それは「謙遜しろ」とか「従順になれ」とかいう処世訓ではない。底の底にまで追いやられ、現実の社会のなかでこらえにこらえながら、それでも現実を見すえつづけている。そうして遠くに希望をつないでいる。もっとも低いところにあるからこそ、かえっていつまでもありつづけることができる。命をながらえることができる。——それは存在の根源的なありようにかかわっている。

　じつはここにこそ、命をいつくしむ信仰という道教の出発点があるにちがいない。たとえ今の世のなかでどん底にいたとしても、世のなかがいつかは変わるかもしれない。それもこれも、ながらえてあればこその話ではないか。

福禄寿という日常の小さな幸せをたっとぶ思いの原点は、きっとここにある。

人類はみな道教

呪いなどというのは宗教にとって暗黒面と見なされ、自分たちが正統だと主張する教団から排除されてきた。中国において呪いにかかわりつづけたのは、道教のなかでも正統からはみ出した最下級の宗教者だった。もっとも多くの人口をかかえる底辺から、彼らはたよりにされ、たのみの綱とされてきた。そういうみじめな心がしがみついてきたのは、昔も今も、まじないや呪いだった。

なぜ呪いになどすがるのか？

普通はそんなものにすがったりはしない。そんなものにすがりつくしかなくなった、そのときの思いに思いめぐらせてみると、胸がつぶれそうになる。

心がすさんで命までないがしろにされそうなとき、それでもそれにこたえるものを、本当の宗教は用意してきたのではないか。それこそが道教が中国社会において持っている、かけがえのない価値ではないか。

誰かがどこかに書いていた。人生に成功したら儒教、失敗したら道教だと。

さてそれならば、いったいどこにどれだけ成功した人生などというのがあるのか。

昔、テレビのＣＭで「人類はみな兄弟」という標語みたいな呪文みたいなのを唱えている人がいたけれど、人生に成功しなかったら道教というなら、「人類はみな道教」になってしまう。

もしも失敗の人生にこたえてくれるものがなかったら、どこにも救いがないではないか。

第六章　草も木もみな仏になる
——宗教をぬりかえる自然認識

仏教は地球にやさしい？

仏教は自然を擁護するという。

いつから仏教ではそんなことを言いだしたのだろう？

ひとくちに仏教と言っても、インドで生まれた最初期のそれと、アジアの各地に伝わってさまざまに変わっていったそれとでは、かなり大きなちがいがある。だからなんの限定もなしに仏教と自然とのかかわりについて論じることはできない。

本来の考え方からすれば、仏教は自然に対してまったく無関心である。——そのことをまず私たちは確認しておく必要がある。

この世の事どもはいつかは消え去りゆくものばかり。そんな世のなかにいつまでも執着してはいけない……。そういった仏教の伝統においては、現象世界はたんなる入れ物でしかない。早い時期に成立した仏教の経典では、入れ物にすぎない自然が重んじられることはなかった。たとえば植物に対する態度にそれが明確にあらわれている。

日本語で「生あるもの」と言うとき、私たちは人間や動物だけでなく植物もそこにふくめている。「生物」とは動植物を総称する言葉である。動物や植物のような「生物」は、鉱物のような「無生物」とは異なる分類だと誰もが考えるだろう。

ところがインドの仏教徒はそうは考えなかった。そこでは人間をふくむ動物は、心のはたらきを持つもの、感情を有するものとして「有情《うじょう》」に分類される。しかし、心を持たない植物は石ころとひとしく「非情《ひじょう》」に分類され、おたがいにあいいれないものと理解されている。

花は心なきもの

五世紀はじめに中央アジアから中国にやって来たダルマクシェーマ（中国名を曇無讖《どんむせん》）は『大般涅槃経《だいはつねはんぎょう》』四十巻を漢訳した。

これは中国仏教の歴史において、『法華経《ほけきょう》』にまさるともおとらない重要な経典である。しかし日本では、日蓮宗《にちれんしゅう》が『法華経』をたっとぶように『大般涅槃経』を第一にたっとぶ宗派は成立しなかった。そのため『法華経』ほどにはなじみがない。しかし、その漢訳の完成は中国仏教に大きな衝撃をもたらし、その後の日本仏教にも影響をおよぼすことになる。それほどに重要な経典である。

そこにはどんな教えが提起されているのか？

およそ生あるものならば、誰もみな真理にめざめてブッダとなる素質がある。それはどんな極悪人でも変わりがない。

『大般涅槃経』の教えの本質はこれに尽きる。どんな悪人であっても人であるかぎりは、いつかブッダになる可能性があるというのだ。

これを聞いて何か思いださないか？

そう、親鸞聖人《しんらんしょうにん》の言葉である。

「善人だって極楽へ行けるんだ。悪人が行けないわけないじゃないか」

これがいきなり『大般涅槃経』から出てきたとは言わない。あらゆる価値を転倒させた親鸞のあの言葉にたどり着くまでには、まだ千里の道のりがあるだろう。しかし、その遠いみなもとはきっとここにある。

これほどまでに後世に影響をおよぼした『大般涅槃経』の命題である。

ところで、先ほど「およそ生あるもの」と訳した言葉は、漢訳経典の原文では「一切衆《しゅ》生《じょう》」である。「衆生」とはインドの言葉「サットヴァ」の訳語であり、「生きるもの」を意味する。のちの仏教経典ではおおむね「有情」と漢訳される。「非情」に対立する言葉である。

非情とは心の働きのないもの、精神作用を欠いた存在をさしており、すでに述べたとおり植物はここに分類される。心がない以上は、身体が滅んでのちに別の新しい身体に心が転移することはあり得ない。それは有情だけに可能なことである。

いつの日かブッダに

身体が滅んでのちも心は消滅することなく、別の身体に転移して存在しつづける。古代のインド人はそう考えた。

ところで、新しい身体に心が転移するとき、記憶としては保存されないものの、前の身体で経験した行為のよしあしはそのまま持ちこされる。その行為の結果は、前の身体においてあらわれなかったとしても、いつかはかならずあらわれるという。

このような生と死の無限のくりかえしを、インドの人々は楽しいこととは考えなかった。むしろ苦しいことと考えた。

この苦しみからのがれるためには、いっさいのこだわりを捨てて心を消滅させるしかない。そのことに「めざめた者」をブッダと呼ぶ。中国ではこれに「佛陀《ぶつだ》」の文字をあてた（常用漢字で「仏陀」と表記）。ブッダとなって心を消滅させる。仏陀に成ること、すなわち成仏《じょうぶつ》ができるのは、心をそなえた有情だけである。

漢訳の『大般涅槃経』に出てくる「一切衆生」のなかには、したがって植物はふくまれない。そこでは植物がブッダになる、とは考えられていなかった。

たとえどんなに極悪であっても、心がある以上はいつか心を消滅させることができるかもしれない。心があるかぎりは虫けらでさえ、心の転移をかさねるうちに人として生まれ、やがてブッダになる可能性がある。それは気の遠くなるような年月を要するはずだが、とにかくも可能性だけはある。しかし植物には心がないのだから、転移させるものも消滅させるものもない。だからブッダになることなどあり得ない。

『大般涅槃経』が説くところは仏教の根本からいささかも逸脱していなかった。しかし、ここに用いられた「一切衆生」という言葉の範囲は、やがて仏教の通念をものともせずに拡大していく。

植物がブッダになれるか否かについて、これを肯定する下地が中国思想のなかにあったという意見もある。しかし仏教の常識から考えて、そのような解釈を受けいれる仏教徒は少なくとも中国にはいなかったはずだ。

ところが、これが日本に入ってくると、ほとんどなんらの抵抗も疑問もなしに、あたかも自明のことのように肯定されたのである。

草も木も、山も川も、ことごとくブッダになる。「草木国土悉皆成仏《そうもくこくどしっかいじょうぶつ》」という国文にあらわれているように。

木々のうちにひそむもの

芥川龍之介《あくたがわりゅうのすけ》に『神神の微笑』という短編がある。「切支丹物《きりしたんもの》」のひとつである。

ある春の夕べ、オルガンティノ神父はたったひとり南蛮寺《なんばんじ》の庭を歩いていた。

神父はさびしそうに小径《こみち》にたたずみながら、ぼんやり追憶にふけっている。

「この日本に住んでゐる内に、私はおひおひ私の使命が、どの位《くらゐ》難《かた》いかを知り始めました。この国には山にも森にも、或《あるひ》は家家の並んだ町にも、何か不思議な力が潜《ひそ》んで居《を》ります。さうしてそれが冥冥《めいめい》の中《うち》に、私の使命を妨《さまた》げて居《を》ります」

それがオルガンティノの憂鬱《ゆううつ》の原因である。その力がなんであるか彼自身にもわからない。とにかくそれは地下に流れる水のようにこの国に行きわたっている。そんな異郷の伝道に疲れはて、「自分は唯《ただ》この国から、一日も早く逃《のが》れたい」とつぶやくのであった。

日本にキリスト教を伝えるために、はるばる海をこえてやって来たオルガンティノ神父が、どんなに力を尽くしても、日本の風土にはキリスト教の唯一絶対の神を受けつけないものがある。そのことを理屈でなく感じはじめたこの南蛮のバテレンは、いいしれない寂寞《せきばく》にとらわれている。

ふと気がつくと、南蛮寺の内陣には鶏《にわとり》があふれ、またたくまに天《あま》の岩戸《いわと》の光景が目の前にひろがった。姿をあらわした大日孁貴《おおひるめむち》（天照大神《あまてらすおおみかみ》）に神々は喝采《かっさい》をあびせる。

「大日孁貴！　大日孁貴！　大日孁貴！」

「新しい神なぞはをりません。新しい神なぞはをりません」

「見渡す限り、あなたの山、あなたの森、あなたの川、あなたの町、あなたの海です」

わきあがる歓声のなかで、オルガンティノは苦しそうに叫んだあげく、そこに倒れてしまった。

……この国の霊と戦うのは、思ったより困難らしい。勝つか、それとも負けるか。――あるとき、そんなひとりごとをもらす神父のかたわらで、「負けですよ」とささやく声がした。いつのまにか、ひとりの老人がわきに立っているではないか。

「まあ、御待ちなさい。御前さんはさう云《い》はれるが」

オルガンティノは言い返す。

「今日などは侍が二三人、一度に御教《おんをしへ》に帰依しましたよ」

「それは何人でも帰依するでせう。唯《ただ》帰依したと云ふ事だけならば、この国の土人は大部分悉達多《したあるた》の教へに帰依してゐます。しかし我我の力と云ふのは、破壊する力ではありません。造り変へる力なのです」

「悉達多《したあるた》の教へ」とは、ゴータマ・シッダールタの教え、すなわち仏教のこと。そう語りながら、老人は薔薇《ばら》の花を投げた。花は手を離れたかと思うと、たちまち夕明かりに消えてしまった。

「我我は木木の中にもゐます。浅い水の流れにもゐます。薔薇の花を渡る風にもゐます。寺の壁に残る夕明《ゆふあか》りにもゐます。何処《どこ》にでも、又何時《またいつ》でもゐます。御気をつけなさい。御気をつけなさい。……」

その声が絶えたかと思うと、老人の姿も夕闇のなかへ、影が消えるように消えていった。と同時に南蛮寺の塔から、アヴェ・マリアの鐘が鳴りわたった。

南蛮のバテレン（ギメ東洋美術館）

つくり変えていく力

そういえば、遠藤周作《えんどうしゅうさく》の『沈黙』に出てくるフェレイラ神父もまた、日本は沼地のような風土だとなげいていた。いくら種をまいても日本にはキリスト教は育たない。たしかに信徒の数は一時期めざましいほどに増えた。しかし彼らが信じていたのはキリスト教の神などではない。人間をまったく隔絶した神というものを彼らは考えることができない。転《ころ》びバテレンとなった神父は、そうあきらめるほかなかった。

人間をこえた存在を許容しない風土。それでいて、草も木も山も川も、人もみなともに成仏する風土。そこには何がひそんでいるのか。

非情成仏というのは、インド仏教からはけっして出てこない考え方である。宗教が受容されるうえで、それぞれの地域の自然観が結局は大きく投影されて、教義をも変容させたのである。見なれた風景が人々の脳裏にきざみつける思考の根幹は、ついに変えることができないのか。

宗教は自然認識を変えるか。それとも地域ごとの自然観が宗教思想に変質を強いるのか。このような問題に対して筆者は明確な答えを提出することができない。けれども、問題を考えるうえでの手がかりをここでは用意したい。

ひとつの宗教がアジアの各地に伝わっていく過程で、何が変わることなく受けつがれ、何が変化しつつ受容されたか。そのことを、理想の世界について語った文献の記述をもとに考えてみたい――。

弥勒《みろく》菩薩は遠い未来にこの世にあらわれ、釈迦と同じように「めざめた者」すなわちブッダになる。そのことを予言した『マイトレヤ・ヴャーカラナ』というサンスクリットの経典がある。訳せば『弥勒への約束』である。これを『約束』と略称したい。

途方もなく遠い未来のことである。人の寿命はなんと八万歳になっている。平和でゆたかな世界が実現しており、転輪聖王《てんりんじょうおう》という理想の帝王が治めている。そのとき弥勒がこの世に生を受けるという。『約束』には、弥勒があらわれる未来の世のありさまが描かれている。未来の世とは人々にとって理想の世界である。

サンスクリットの写本が三つ伝わる。うち二つは前半部分（のちほど訳出）を欠いている。残る一つも原典そのままではなかろう。チベット語の訳本もある。いくたびも漢訳されたことが記録から知られるが、伝わるのは次の五つである。

一は、四世紀の終わりに訳された『増一阿含経《ぞういつあごんきょう》』のなかの「十不善品《じゅうふぜんぼん》」である。

二は、五世紀ごろ訳された『弥勒来時経《みろくらいじきょう》』である。

三は、五世紀のはじめまでにクマーラジーヴァ（中国名を鳩摩羅什《くまらじゅう》）が訳した『弥勒下生《みろくげしょう》成仏経《じょうぶつきょう》』である。

四は、同じくクマーラジーヴァ訳の『弥勒大成仏経《みろくだいじょうぶっきょう》』である。

五は、八世紀に義浄《ぎじょう》が訳した『弥勒下生成仏経』である。

どれも同じ経典の翻訳でありながら、未来世界の記述には少しずつ異同がある。とりわけ自然描写においてそれがめだつ。理想の自然観のちがいをそこに読み取ることができるほどである。

貴金属にあふれた町

サンスクリット本の『約束』は、弥勒に先んじて転輪聖王があらわれるときの世界について最初に語る。そこにはケトゥマティーという広大な都があるという。住民はおこないが正しく、誰もがよろこびにあふれて暮らしている。町のようすは次のとおりである。

七宝でできた建物は［どれも］一クローシャの高さがある。城壁や敵をふせぐ扉はさまざまな宝石で飾られている。宝石で造られたレンガ積みの城壁が［町を］取り囲み、紅蓮華《パドマ》と青蓮華《ウトパラ》が［池を］おおい、棕櫚《ターラ》の並木が［町を］七重に囲んでいる。棕櫚《ターラ》は四つの［種類の］宝石でできており、鈴のついた網がかけてある。風が吹けば心地よいひびきがあり、あたかも五つの［種類の］楽器がかなでる美しい音のようである。

この未来の理想都市はなんでもかんでも宝石で飾られているらしい。「敵をふせぐ扉」まで飾りたてる必要があるのか。また、町をいくえにも囲む並木は、なんと四種の宝石でできているという。樹木が鉱物製であるというこの特異な発想は、サンスクリット本の『無量寿経』にも見られ、そこでも詳細な描写が展開されている。

この宝石でできた木というのは、よほど輝かしい未来の世界にふさわしい存在と考えられていたようである。クマーラジーヴァ訳『弥勒下生成仏経』によれば、木だけでなく川床も宝石でできており、地面は黄金でおおわれていて土がない。

さらにこの未来都市には街灯がいたるところにあって、一晩中つけっぱなしだという。『弥勒大成仏経』では、その明るさは太陽のようであり、四方を照らしていると語られる。昼も夜も区別がなく、貴金属がまばゆい絢爛《けんらん》たる世界である。まるで新宿三丁目だ。

ここに描かれているのは極度に人工的な空間と言える。こんなところで心の安らぎが得られるのだろうか。

古代インドのパーリ語で書かれた『転輪聖王の教え』には、そのとき「にわとりが村や町や都市［のなか］を飛びまわり、空いた所がないと思われるほど人間があふれ、あたかも竹か葦の林のようだ」とある。南アジアの人々にとっては都会に人間がひしめきあう世界が理想なのか。人口過密でせまくるしい国土に暮らしている私たちには、うんざりするような世界ではないか。

☞さびしくないの東京砂漠♪

真っ平らな理想世界

転輪聖王があらわれるとき、大海の水面は低くなって陸地は広大となり、生きとし生けるものすべてがあまねく満ちるという。サンスクリット本の『約束』はつづけて言う。

大地には刺《とげ》［のある草］がなく、青々とした草で満ちている。跳ねれば沈み、まるで綿が敷いてあるようにやわらかい。耕さずとも甘く香りのよい米が自然にできる。ある木々は衣を生じ、さまざまな色で飾られている。ある木々は花と果実を生じ、一クローシャの高さである。

未来の世界では大地は青々とした草におおわれ、草には刺がなく綿のようだという。この箇所はチベット語訳では、「大地には刺［のある草］がなく平らで、青々とした草で満ちている」となっている。この「平ら」に対応する語はサンスクリット本にはない。しかし、漢訳の『弥勒来時経』には「砥石《といし》のように平ら」とあり、『増一阿含経』やクマーラジーヴァによる二つの漢訳本には「鏡のように平ら」とある。パーリ語の『転輪聖王の教え』に対応する漢訳の『転輪聖王修行経』もまた、「大地は平らになり、くぼんだ所も盛りあがった所もなくなる」と語っている。

このように諸本が一致するところからすれば、大地が平らであるという表現は、現存のサンスクリット本にはないものの、原典には存在した可能性が考えられるだろう。

理想の世界が実現するとき大地が平坦になるというこの発想は、ほかにもさまざまな宗教文献に見ることができる。

『旧約聖書』「イザヤ書」には、「砂漠に主の道を用意せよ。私たちの神の道をまっすぐにせよ。すべての谷は高くなれ。すべての山と丘は低くなれ」とある。同じことがゾロアスター教でも語られていた。この地上から悪が滅ぼしつくされるとき、山々は消えて大地は平らになり、ひとつの国だけになって人々は同じ言葉を話すようになるという。これはプルタルコスが『倫理論集《モラリア》』のなかで伝えている。

このような発想は仏教経典のなかにも見られる。サンスクリット本の『法華経』によれば、この世界が一変して浄土になり、途方もない数の世界が浄土に変わったとき、大地は平らでひとつづきになるという。同じくサンスクリット本の『無量寿経』には、阿弥陀《あみだ》如来《にょらい》の浄土が「あまねく手のひらのように美しく平らで、さまざまな宝石で満ちている」とある。これを漢訳した『無量清浄平等覚経《むりょうしょうじょうびょうどうかくきょう》』は言葉を加えて言う。「その国には大きな海も小さな海もなく、大きな川も小さな川もなく、山林も渓谷もなく、暗い闇の世界もない。その国は七宝でできており、大地はどこも平らに整っている」と。

理想世界の大地が平坦であるという発想は、ユーラシア大陸の広い範囲に古くから分布していたと見ることができる。

平坦であることの意味

ところで、このような発想が生まれたのはどういう場所なのか。どのような自然環境がその背景にあるのか。

山や谷が自然の障壁となって人々の行き来や物資の流通をさまたげる地域だろうか。肥沃《ひよく》な農地にめぐまれない場所だろうか。これがもしも見わたすかぎり何もない砂漠なら、平らであることがかえって脅威になるだろう。海や湖に面していれば、交通手段は水上に求めることができる。よほど辺鄙《へんぴ》な地形でないかぎり、また酷烈な気候でないかぎりは、地面に凹《おう》凸《とつ》のあることが生活に大きな支障をきたすことはなかろう。山や谷も穏やかであれば、自然のめぐみをもたらし、人々の心にうるおいをあたえる。いずれにしてもそういう場所では生起しがたい発想にちがいない。

おそらくは土地が荒れはて、自然の起伏が生活に不便をもたらす内陸のどこかに、このような発想を生みだす舞台があったと想像される。

『約束』が伝わった地域は、荒涼とした内陸部ばかりではなかったはずである。真っ平らな砂漠地帯もあれば、海山がやさしい景観を織りなす田園地帯もあったろう。にもかかわらず、理想世界の大地が平坦であるという発想は地域をこえてそのままに受けつがれた。

もしかしたら世界が平らであるというのは、たんに地形の問題ではなく、社会が平等であり平穏であることの譬喩《ひゆ》として意味づけられ、もしくはそのように受けとめられたのではないか。

山々や河川などの起伏がなくなるという記述は道教経典にも出てくる。『洞淵神呪経《どうえんしんじゅきょう》』には、真君《しんくん》という理想の君主があらわれるとき「天地は平らに整っている」と語られた。それはしばしば「王の政治は「乱れ」整わない」という記述と対をなしている。あきらかに乱脈な現実と対比されたのである。この場合は「平ら」なのは地面の形状ではなく、世のなかの様相を言うものと判断してまちがいない。

そのような理由も加えてか、大地が平らという『約束』の記述は、さまざまな地域に伝播する過程で変わることなく受容された。これは翻訳の段階で変化しなかったひとつの例である。しかしなかには変化したものもあった。それは次の「種まき」の記述である。

どちらがあつかましい？

すでに引いた『約束』のサンスクリット本は、大地がゆたかなみのりをもたらすことを強調し、甘く香りのよい米が「耕さずとも自然にできる」と語っていた。チベット語訳はこれを忠実に翻訳している。義浄訳『弥勒下生成仏経』もほぼ同じ記述である。

弥勒下生経変（敦煌莫高窟）

ところがこの箇所はクマーラジーヴァが訳した『弥勒下生成仏経』では同じでない。そこでは、「雨は時節にかなって穀物がさかんにみのり、雑草にわずらわされることはない。一度種をまけば七倍もの収穫がある」となっている。『弥勒大成仏経』はもっと大げさだ。一度の種まきで七倍の収穫があるのは神々の恩恵であり、また人々が徳を積んだ賜物《たまもの》であって、収穫物は「食べればこなれがよく、味わいに富み、香りのよいことこのうえない」という。

同じような記述は道教経典にもある。『洞淵神呪経』のうち西暦四二〇年ごろ成立した巻一「誓魔品《せいまぼん》」によれば、大災害ののちに天地が改められるという。そのとき「世界は楽土となり、一度の種まきで九倍の収穫がある」と語られる。また、敦煌写本によって伝わる『太上霊宝老子化胡妙経《たいじょうれいほうろうしけこみょうきょう》』でも「一度の種まきで三倍の収穫がある」という。こちらは六世紀の成立と考えられている。

『弥勒下生成仏経』も『弥勒大成仏経』も漢訳された年は不明だが、クマーラジーヴァは四一三年に没したのでそれ以前にはちがいない。そうすると文献の成立はクマーラジーヴァ訳が先行することになる。とは言え、道教経典の記述がただちに漢訳の仏教経典に影響されたとは断定できない。なぜなら、このような発想そのものは中国に先例があったのだ。

一世紀の王充《おうじゅう》は『論衡《ろんこう》』のなかで、一本の茎に九つの穂がみのる稲について伝える。原文は「一茎九穂《いっけいきゅうすい》」である。中国では神話の神農《しんのう》の昔から、ありえないほど鈴なりにみのった稲を嘉禾《かか》と呼んで、聖王の出現をことほぐしるし、すなわち祥瑞《しょうずい》と考えた。『約束』では、弥勒があらわれるのは転輪聖王という理想の帝王が治める時代とされる。したがって普段の何倍もの収穫があることはその御代《みよ》にふさわしい。『洞淵神呪経』においても、天地が改まったあと真君があらわれるという。こちらもめでたいしるしに変わりない。

クマーラジーヴァ訳の原文は「一種七穫《いっしゅしちかく》」である。『洞淵神呪経』の原文は「一種九収《いっしゅきゅうしゅう》」である。いずれも王充の「一茎九穂」に類似した表現である。「一種七穫」がサンスクリット本からの直訳でないとすれば、クマーラジーヴァが漢訳するときに中国の先例を取り入れたと考えることができる。

それにしても、一方は働かないでごはんが食べたいというのである。他方はわずかな元手でがっぽりもうけようというのである。どちらもあつかましい話ではないか。ただ前者の場合は、無理に人間の手を加えないことが、自然界の力を引きだすことにつながっている。それは自然の摂理への順応にちがいない。後者はいかにも勤勉で労働意欲にあふれている。少ない資本で多くの利潤が得られるのであれば重労働もいとわない。無理な収穫は土地に負担を強いるはずだが、そんなことはおかまいなし。自然保護より経済最優先である。

『約束』のもとの文章は、おいしい米が「耕さずとも自然にできる」であったろう。それが異なる文化圏に伝わってこのように変化した。宗教文献の受容にあたっては、教義よりも地域ごとの自然観のありようが深くかかわる場合が少なくない。このことを上の事実は考えさせる。そこでは、自然認識が（ときには経済原理までもが）宗教思想を変容させることさえあり得たのである。

変わりゆくもの

仏教と言えばインド、と私たちは考えてしまうけれど、それは過去のことである。

現代のインドでは、仏教徒の数は人口の一パーセントにも満たない（日本ではキリスト教徒がそのくらいの割合である）。ヒンドゥー教のなかから出てきた仏教は、いつしかヒンドゥー教のなかに埋もれてしまった。

インドと言えばカレー。こちらは今も健在である。インドには「カレー」という総称はないそうだが、それでもインド料理店に行けば、カレー・メニューが目白押しで、ほかの料理はあまり（というか、ほとんど）思いつかない。

大英帝国の統治時代にインドからイギリス本国にカレーがもたらされたという。十九世紀のことである。明治の日本は近代的な海軍の建設をめざしてイギリスに範を求めた。当時の英国海軍の献立にカレーがあり、これが軍艦とともに日本に渡来した。いつしか日本人の味覚にあうように作り替えられていった。

インドから来たお客さんにカレーライスをごちそうした人がいる（これはどこかで聞いた話だが）。

そのインド人はおいしそうに食べながら、こうたずねたそうだ。「これ、おいしいですね。なんていう日本料理ですか？」

——ここまでたどってきたことは、まるきりこの話と同じなのである。梅や桜が真理にめざめて成仏する。昔のインドの仏教徒が聞いたら、「それ、不思議な話ですね。なんていう宗教ですか？」とたずねるに決まっている。

奈良や京都の古いお寺に行けば、屋根が五つも六つも積み重なった木造の塔がある。彼らがこれを見たら、いかなる宗教施設かと思うにちがいない。妻や子を乗せて高級車を走らせる日本のお坊さんを見たら、どこの何教《なにきょう》かとたまげるだろう。

変わってしまうのがいけない、とはかならずしも思わない。伝わった先々で変わっていくのはむしろ当然である。変わっていくことで、別の新しいものもはじまっていく。

花に心が宿る。木々をわたる風にも、小川のせせらぎにも心が宿る。そのことに私たちは違和感さえいだかない。こうした自然に対する感じ方の根本に、日本で作り替えられた仏教の自然観がある。

それは仏教ではない、というのであれば、そのとおりである。それは日本仏教なのであって、インドで生まれた仏教そのままではない。それならば、中国仏教も朝鮮仏教も仏教ではない。もちろん連続するものはある。だが断絶もきわめて大きい。

今では仏教は、葬式や墓参りで厄介になるだけになった。それも仏教の行き着いた先の姿にはちがいない。しかしそれだけでは決してない。もっと日常的な、生活感情と言ってよいもののなかに浸透しきったものがある。もはや宗教とさえ気づかないほどに変容してしまったのである。

そこはかとなく感じる、そんな心の動きが大切なのだろう。理屈など持ち出さない方がよい。それよりも、花に心が宿るなら、静かに見つめていたいと思う。

（付記）

本章を書くうえで、小林信彦氏の研究に筆者はずっと学んできた。ここに記して感謝申しあげたい。

第七章　スモモの下で世直しがはじまる

——くりかえされる予言の力

文豪の思いちがい

森鷗外《もりおうがい》は小説『魚玄機《ぎょげんき》』の冒頭に言う。

「唐の代《よ》には道教が盛であつた。それは道士等が王室の李姓であるのを奇貨として、老子を先祖だと言ひ做《な》し、老君に仕ふること宗廟に仕ふるが如くならしめた為《た》めである」

ここで道士連中が奇貨おくべしとはかったのは、老子の姓と唐の王室の姓が一致したからだという。しかしこれは偶然ではない。むしろ必然の帰結と言うべき事実なのである。

唐王朝を建てた李淵《りえん》は、後漢の時代から続々と世にあらわれた李姓の革命家の、その最後に位置する人物にほかならない。じつに七百年にもわたって、うしなわれた漢王朝の復興という名目のもとに、李という姓をかたる人々があらわれては消え、消えてはまたあらわれた。これはすぐれて政治的な運動であったが、その背後には道教の救済思想が横たわっており、これが彼らの運動にいちじるしく宗教的な色彩をあたえている。

李氏蜂起《ほうき》のプロパガンダは、儒教の異端思想をも取り込み、後漢から南北朝時代の末にいたるまで地下水脈のように連綿と流れつづけた。唐王朝の成立以後は歴史の表面から姿を消したが、それで終わったわけではない。その後さらに千年以上ものあいだ中国大陸の地下を流れ、救世主出現の期待を仏教徒にまで根づかせながら、やがて周辺の国々に流れこんでいったのである。

ところで、道教と聞けば何を思い出すだろう。

仙人、不老不死、風水、気功……。

しかし、道教がはじめて歴史の表面にあらわれたのは、民衆による反乱という局面においてであった。このことは注目されてよい。

現実に対する否定として登場したことは、現世肯定の宗教とされる道教の本質とどのようにかかわるのか。

社会に抵抗した人々が、『老子』の思想を彼らの根本原理として選びとったのである。彼らは『老子』に何を求めたのか。『老子』のどこに彼らの共鳴する部分があったのか。どのような時代に、どのような事情から『老子』を自分たちの原点と見なす必要が生じたのか。

これらの問いはやがて、道教という宗教を考えるうえでの根本問題に行きつく。

それは、『老子』の思想と道教の信仰はひとつか否か、ということである。

姿かたちを定めぬもの

『老子』は言う。

谷神《こくしん》は死なず。

さて「谷神」とは何か。

三世紀の魏《ぎ》の王弼《おうひつ》は次のように解釈する。「谷神とは何もない空間を意味する。影も形もなく、どんなものにもしたがう。身を低くして動かず、静かでありつづけ、衰えることがない。すべてのものはここから生じたのだが、その姿は目に見えない。これこそ究極の存在である」

王弼は早熟の天才で、『易《えき》』と『老子』の注釈をつくり、はたちそこそこでなくなった。つかみどころのない文章を相手にしながら、その本質を生き生きと捉える自在さ、思い込みのはげしさ。――王弼が心に描いた「谷」とは、万物を生みだす根源でありながら、みずからを主張することなく、姿かたちさえ定めようとしない真実在であった。

『老子』には谷について語った文がいくつかある。本書のはじめに出てきた「まっ白なものがあることはわかっている。けれど、よごれたままでもよかったなら……」もそのひとつ。そこは世のなかの谷になるという。『老子』で谷が語られるとき、それは低きにあって、しかもからっぽであることを意味する。谷間の空虚な部分にこそ、その本質的な働きがあると説かれる。

同じような役柄で登場するのは「水」である。水もまた、自己を顕示することなく、すべてを受け入れ、すべてを包み込み、すべてを生み出す。これこそ『老子』において理想とされる存在であり、つまりは「道」のありかたに沿うものであろう。

ところで「道」とは何か、ということを『老子』は定義しない。「道には永遠に名がない」とさえ言う。ただし、それを象徴するものとして水や谷が語られた。水も谷も「道」の理想とするところ、さらには「道」の本質にせまるものと予想できる。

「この世界に道があるということをたとえて言うならば、小さな谷から水が流れて、やがて大河となり海へ注ぎこむようなものだ」という。谷には水が流れこみ、そこから水があふれ出す。それは存在するものの根源である。それはけっしてそびえ立つものではない。もっとも低いところにあるものがすべての根源となる、というこの発想はどのような場から生まれてくるのか。これに同調したのはどのような人々であったか。

『老子』の思想への傾倒は、やがて老子その人への信仰に転じていくだろう。

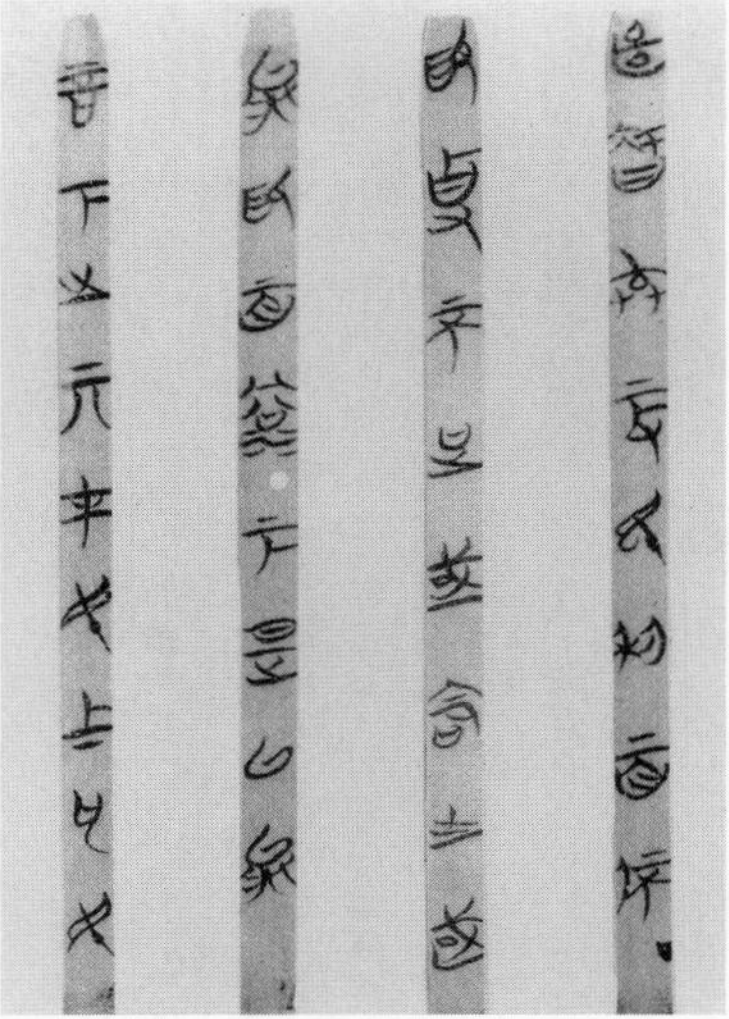

郭店楚簡『老子』（荊門市博物館）

老子、神となる

後漢の桓帝《かんてい》の延熹《えんき》八年（一六五）、老子の故郷とされる陳《ちん》の苦《こ》県に、老子の廟が建てられた。その翌年には宮中で老子がまつられている。

中国の皇帝が祭祀をおこなうのはたいてい五穀の神とか土地の神である。この変わり者の皇帝は老子をまつり、神話の黄帝《こうてい》をまつり、ついでに中国に伝わったばかりの釈迦仏陀までまつった。

後漢の末というのは、中国の歴史のなかでも目立って宦官《かんがん》が政治を乱した時代である。前漢以来の中央集権体制がくずれだし、各地の豪族がむやみに勢力をのばした。あやしげな迷信がちまたにあふれ、民衆の反乱もしきりに起きている。こうした社会不安のなかで、普通ならば国家祭祀の対象にならない妙なものばかり、皇帝みずからが崇拝したのである。

桓帝は老子廟を建立したおり、政務をとりしきる尚書令《しょうしょれい》の辺韶《へんしょう》に銘文をつくらせた。世にいう「老子銘」である。現物は伝わらず、『隷釈《れいしゃく》』という書物に文が収めてある。

辺韶は儒者であった。立場上こんなものをつくらされたが、内心の不満は文のはしばしからにじみでている。永遠の存在だとか寿命が何百歳だとか寝ぼけたことばかり考えてないで、目の前の現実を見すえよ、と言いたげなところさえある。かくして「老子銘」には後漢末期の老子崇拝のありようが、冷ややかな目で、なかなかにくわしく伝えられている。

老子をたっとぶ人々は「谷神は死なず」という命題を出発点として、次のように考えたという。

老子は混沌の気と一体となったり離れたりしながら、太陽と月と星とともにありつづける。天をあおいで未来を予言し、北斗七星を昇り降りする。日によって九たび姿を変え、時に応じて世にあらわれ、そして去っていく。太陽と月と星の法則をただし、四神《ししん》をしたがえる。下腹の丹田《たんでん》に天帝のいます北極星を念じ、「道」を完成させるや姿を変え、蟬《せみ》が殻をぬけるようにこの世から脱する。伏羲《ふっき》や神農《しんのう》の昔より、老子は聖人たちの師となった。

ここでは老子は天体の創造とともにあり、天体の運行をも統御する力あるものとして登場する。しかもそれは、混沌とした存在であるがゆえに姿かたちを変化させ、変生をくりかえして上古以来の帝王の師となって世にあらわれたという。このことがのちに老子の変生思想へとつながっていく。

ところで『老子』のなかにはすでに、「道」が万物の根源であると語られていた。それは「天地より先に生じた」ものであり、その実体は定まりなく捉えがたいという。ところがこの「老子銘」においては「道」ではなく老子が、あたかも「道」そのものであるかのように、天地創造に先立つ永遠の存在へと昇華している。

ここでは「天地より先に生じた」ものは「道」ではない。老子その人である。現象にさきがけた存在を「道」という無限定の表象ではなく、老子という個体へ収斂《しゅうれん》させたところに、思想から信仰への巨大な一歩がある。その背後には、世界を主宰する意志の実在を求めてやまない何かがある。その要求の深さがある。老子が神格化されていく原動力がここにある。

うしなわれた王家の再興

時代はさかのぼる。

西暦八年、漢王朝は王莽《おうもう》によって一時のっとられた。これでもかとばかりに予言を濫発して簒奪《さんだつ》をはかった。新たな政策が閉塞《へいそく》した状況を打開したところも少なくない。しかし改革に急であったため、無理がたたった。連年の旱魃《かんばつ》で農作物が不足する。盗賊があとをたたない。農民は疲弊のきわみである。不満が鬱積《うっせき》する。新王朝の滅亡があちこちでささやかれる。

かつて予言によって王朝を簒奪した王莽が、今また予言によって自分の足をすくわれようとしている。この時代は予言のラッシュアワーであった。

予言をその時代の言葉で「讖《しん》」という。また「図讖《としん》」ともいう。これとならび称せられるのが「緯《い》」である。緯は「経《けい》」に対する言葉である。経は縦の糸、緯は横の糸。地図の経度と緯度にもこの言葉を使う。経は具体的には儒教の経典をさしている。縦糸と横糸によって一枚の布が織られるように、儒教の経典をおぎなうものが緯書である（というのが制作者の言い分なのだ）。すでに出てきた『論語』や『孝経』にも緯書がある。隠された真理を解きあかす秘密の鍵である。実物は象徴的な文言にあふれている。讖も緯も、つづく後漢から南北朝時代にかけて大流行した。

地皇《ちこう》二年（紀元二一）に李焉《りえん》という男が反乱をくわだてた。占い師の王況《おうきょう》が李焉に告げた。「今こそ漢の王家は復興されねばなりません。あなたの姓である李《リ》の音は、五音《ごおん》の徴《チ》に対応し、それは五行《ごぎょう》の火にかなっています。あなたこそ［火の徳をたっとぶ］漢家の補佐となるにふさわしい」と。『漢書』の「王莽伝」が伝えるところである。

讖緯の時代は、また五行思想の盛期でもあった。五行すなわち木・火・土・金・水とあるなかの火を、漢王朝はたっとんだ。そして五色だの五音だのと、色でも音でもなんでもかんでも五行に対応するものが探し出された。

王況はさらに李焉に予言書をたてまつった。総字数十万余であったというから、たいした分量である。書写を命じられた下役が密告した。李焉は逮捕され刑に処せられた。

その翌年、漢を復興するため劉秀《りゅうしゅう》が起ったとき、同志の李通《りつう》が予言書をもちだしてきた。そこには「劉氏復《ま》た起《た》ち、李氏輔《たすけ》とならん」とあった。この文は『後漢書』に出ている。図々しくも李焉の文そのままである。ついでに李という姓まで借り物かもしれない。それは漢の火徳にかなった姓なのだから。

今度は予言が成就した。なんといっても劉秀は漢家の血筋である。そのへんのごろつきとはちがう。劉秀は皇帝に即位した。後漢の光武帝《こうぶてい》である。これをかつぎだした李通は「柱国《ちゅうこく》大将軍《だいしょうぐん》 輔漢侯《ほかんこう》」に叙せられた。漢を輔《たす》けた国の柱である。

☞その一回がクセになる。

李氏蜂起あいつぐ

『易』の緯書である『坤霊図《こんれいと》』には、「漢の臣となるは李陽」とある。いずれ事が成ってからできた文に相違ないが、李陽というのは南陽の李氏をさすものと考えられている。維新の元勲たちは南陽閥でかためられた。

のちにこの地方の豪族はどんどん勢力を拡大していく。やがて漢家を補佐するどころか、皇帝の一族と称して王朝の転覆をもくろむまでになる。それにしても、予言や象徴が革命の第一の原動力となるところが、この時代の特徴である。これほどに不確実なものが効力を発揮するのはどうしてだろう。神秘のとばりのなかでは理性はついに無力なのか。

光武帝の時代、維汜《いし》という巫者が神の名をかたり、信者数百人ともども処刑された。建武《けんぶ》十七年（四一）に弟子の李広《りこう》は南嶽《なんがく》大師を自称し、残党をひきいて皖城《かんじょう》にたてこもる。皖城のある潜山《せんざん》は、漢代には五嶽《ごがく》のうちの南嶽に割りあてられていた。最初に派遣された討伐軍は敗退。そこで一万もの兵がくりだされ、ようやく皖城は落ちて、李広は斬に処せられた。

この乱の首謀者は李姓を名のってはいても、王朝の復興とはもはや関係がない。むしろこれが宗教反乱の様相を帯びていた点に注目したい。

桓帝の建和《けんわ》元年（一四七）のことである。李堅《りけん》というただの盗人がことともあろうか皇帝を名のって誅せられた。その翌年、陳景《ちんけい》なる者が「黄帝子《こうていし》」を自称し、真人を名のる管伯《かんはく》とともに反乱をくわだてた。永興《えいこう》二年（一五四）には、蜀《しょく》の李伯《りはく》が皇帝の一族をかたって「太初《たいしょ》皇帝」を名のった。延熹《えんき》九年（一六六）に漢の高祖のふるさとである沛《はい》の戴異《たいい》は、霊泉をまって符書をつくり「太上皇」を名のった。

この偽《にせ》皇帝たちは残らず処刑されたが、彼らのうちのある者は宗教的な儀式までつかさどっている。地上の権威のみならず、天上の権威にまで力をおよぼそうとしたのである。

桓帝が老子をまつったのは、こうした反乱があいついだころだった。

反乱者の姓はさまざまだったが、李姓の者が少なくない。王朝再興をめざして決起した忠臣が李姓であったのは誰もが知っている。再興成就が過去のことになっても、李という姓の持つ魔力だけは生きつづけた。

ところで、老子の姓は『史記』にも言うとおり李とされる。理由は書いてない。後世の伝説では、生まれてすぐに李《スモモ》の木を指さしたからだという。もちろん老子が李姓であることと反乱者に李姓の者が多かった事実とはなんの関係もない。少なくとも桓帝のころまでは。

危険な神

敦煌から出た写本に『老子変化経《ろうしへんかきょう》』がある。道教経典の集大成である道蔵《どうぞう》には収録されていない。奥書に隋《ずい》の大業《だいぎょう》八年（六一二）の書写とある。経典本文の文献学的考察に加え、中国語史の研究成果をふまえて、原本の成立を後漢末と判断したい（拙著『神呪経研究』研文出版）。

「老子銘」に「日によって九たび姿を変え」とあるのを受けて、『老子変化経』は「第一の姓は李、名は老、字《あざな》は元陽」からはじまる老子の九つの姓名を列挙する。同じく「老子銘」

に「伏羲や神農の昔より、老子は聖人たちの師となった」とあるのを受けて、歴代帝王の師の名がこれにつづく。周《しゅう》の時代には老耼《ろうたん》としてあらわれたという。『史記』に記された老子の名である。その後、老子の変生は後漢にまでおよぶ。「陽嘉《ようか》元年に鶴爵鳴山《かくしゃくめいざん》のある城都《じょうと》にはじめてあらわれた」とある。「陽嘉元年」は後漢の年号で西暦一三二年にあたる。「鶴爵鳴山」は蜀の鶴鳴山《かくめいざん》、「城都」は成都《せいと》ではないか。

変生名簿は老子の李姓を襲《おそ》ってすべて李が姓となった。変生する先は帝王の師だが、近い過去にはかならずしもそうではなくなる。そこでは老子みずから「吾《われ》」と称して信者に号令をくだす。

そなたたちが「道」を実現させるためには、まずみずからをたださねばならぬ。心を静めて安らかにし、満ちあふれることのないようにせよ。何もせず何も欲さないならば、憂いわずらうこともない。世のなかの谷である「道」が身に沿うようになるだろう。私は強いものと弱いものを秤《はかり》にかけ、勝ちと負けを入れ替えよう。

ここに語られているのは、『老子』の説く無為と無欲と無事の精神そのものである。「世のなかの谷」とあるのも、みずからを低きに置いて永遠の存在でありつづける「道」にかなったものと理解できる。これは「老子銘」にも受けつがれていた。三度目の「谷」である。強いものと弱いものを秤にかけ、勝ちと負けを入れ替えるという。原文は「吾、剛と柔を衡《はか》り、勝と負を更《あらた》む」と読みくだせる。『老子』の「柔は剛を勝《やぶ》る」を受けている。しかしここでは、「強いものと弱いものを秤にかける」のは吾、老子である。老子その人が「勝ちと負けを入れ替える」のだ。

『老子』の説く理念を現実のものとして目の前に示してくれるのが、すなわち老子という名の神にほかならない。

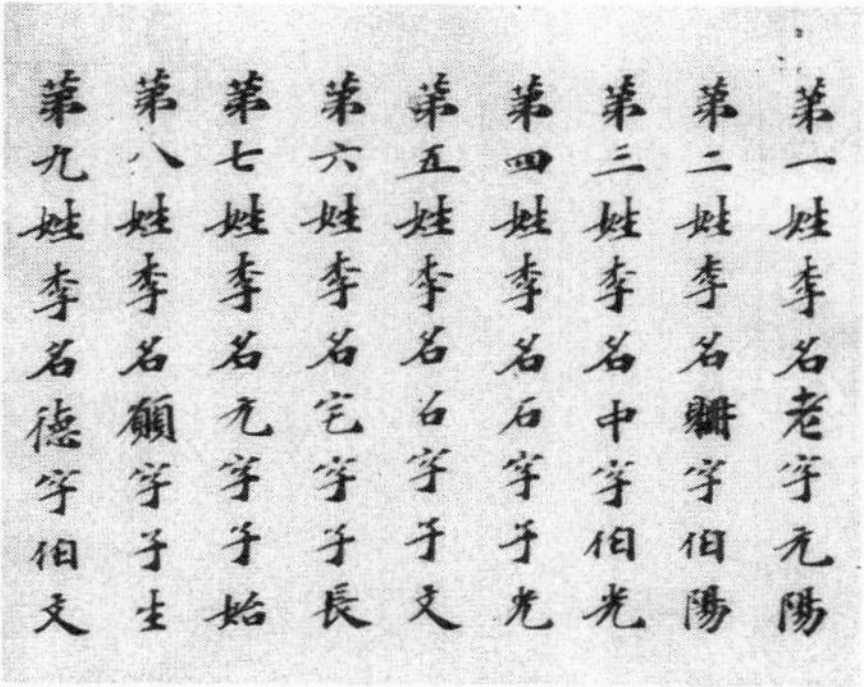
第一姓李名老字元陽
第二姓李名聃字伯陽
第三姓李名中字伯光
第四姓李名石字子光
第五姓李名召字子文
第六姓李名宅字子長
第七姓李名元字子始
第八姓李名顯字子生
第九姓李名德字伯文

敦煌写本『老子変化経』（大英図書館）

『老子』の思想が展開した結果、必然的に道教の信仰が成立したのではない。あるとき、ある状況のもとで人々が『老子』の思想に共鳴したのである。彼らの方から『老子』を選びとったのである。そのときから『老子』が道教の根本理念になったのである。けっして逆ではない。

『老子』の思想に追従した人々は、そこから進んで、老子という個人を『老子』の理念を実現する主体と信じた。老子は道教の神となった。

玉砕か、白旗か

『老子変化経』はつづけて言う。「この世が終わろうとするなら、私は世の動きを変えよう」——

これ以降、不安定な世のありさまがくりかえし語られていく。「罪人どもが牢獄から解き放たれて暴れまわり、五穀の値はつりあがって民は苦しむ。疫病がはびこり飢えた者があふれる」という。

そのとき老子は善良な人々を選びだす。「急ぎ来て私にしたがえ。私は頑強な定めを打ちくだく」とある。とはいえ、露骨な変革などもくろんではいない。やがて「漢王朝のもとでいとなみを得る」などと取りつくろう。機に乗ずれば国教としての恩典、一歩誤れば国家権力による弾圧が待っている。後漢の中平元年（一八四）に黄河《こうが》流域では太平道《たいへいどう》を名のる集団が蜂起した。黄巾《こうきん》の乱である。十年以上にわたる抵抗のすえ反乱軍は壊滅した。

同じころ蜀の鵠鳴山にこもった張陵《ちょうりょう》が人々の信仰を集めていた。孫の張魯《ちょうろ》の代にはひとかどの勢力に拡大する。張魯はみずから天師《てんし》と称した。やがてそれは天師道《てんしどう》という現在につながる道教の一大組織へと発展する。初期には五斗米道《ごとべいどう》と呼ばれていた（その名の由来など次の章でもふれたい）。

張魯はのちに本拠地を長江《ちょうこう》上流の漢中《かんちゅう》に移して一大宗教王国を築きあげ、天師を頂点にいただく強固な組織をととのえた。信者は漢民族だけでなく西北の異民族も多くふくまれていたという。いずれこの地を支配することになる曹操《そうそう》は、その規模の大きさと人々が天師によせる信頼のあつさを脅威とし、これに圧迫を加えた。張魯もはじめは武力抗争をこころみたが、後漢最末期の建安二十年（二一五）に鎮圧され、曹操に投降した。しかし、それがためにかえって五斗米道は存続をゆるされたのである。

かくしてひとつの教団がからくも危機を切り抜けた。おそらくは同じような危機感のさなかでこの『老子変化経』はつくられたのではないか。このことは老子の変生を説く後の時代の道教経典のなかで大きな意味を持ってくる。

李姓の反乱者たち

『老子変化経』に遅れて成立した『老君変化無極経《ろうくんへんかむきょくきょう》』は、次のように言う。

川の水は涸れはて、人口は激減し、鬼どもが世間にのさばっている。世は乱れて活気がうしなわれ、民のいる余地がなくなった。やがて師君《しくん》があらわれ、鬼どもの群れを絶滅させる。そのとき太平が実現して人々は真君《しんくん》にまみえるだろう。真君は徳のある者を救い出して後世の種となる人にする。

ここに「師君」とあるのは、歴代帝王の師に変生した老子のことだろう。「真君」も同格にちがいない。真君の名は『荘子』にさかのぼるが、ここでは悪鬼を撃退して太平の世を実現させ、有徳の者たちを助けて後世の種となる人、すなわち「種民《しゅみん》」に任じる役割で登場する。真君とはまさしく理想の君主として世に変生する老子と理解できる。

ここでもやはり危機的な時代状況が説かれている点が注目される。理想の君主の出現を人々が望むということは、現在の世は悪しき状態として意識されていたはずである。真君出現への期待は、末世の危機感を前提とする。

経典はまた老子の変生を説いて、「時に応じて移りめぐり、前漢の時代には、姓は木子、名は口弓となって蜀の成都の町にあらわれた」と語っている。木と子を合わせて「李」の字になる。弓と口で「弘」の異体字である。ここには老子の変生である李弘《りこう》の名が文字を割って示された。なぜ成都か。また、李姓の名が割り字で記されるのはなぜか。

三世紀のなかごろ、蜀の地に李家道《りかどう》と呼ばれる呪術者の集団があった。『抱朴子《ほうぼくし》』によれば、李阿《りあ》という占い師がおり、何世代にもわたって姿を見せたので八百歳公と呼ばれたという。殷《いん》の彭祖《ほうそ》のたぐいである。同じころ、李寛《りかん》という者が水のまじないで病気を治し、すこぶる効き目があったため遠方から人々が押しかけた。

李脱《りだつ》なる道士が李阿にならって八百歳といつわり「李八百」と名のっている。妖術を使って病気治療をおこない、多くの人が李脱につかえた。弟子の李弘は潜山に信者を集め、「予言にしたがい王になるべきだ」と語ったという。その後、李脱と李弘は地方役人の勢力争いにまきこまれ、謀反をくわだてたかどで東晋《とうしん》の太寧《たいねい》二年（三二四）に処刑された。

李阿と李寛は同じ人であるとも、あるいは李寛こそ李弘であるとも言われている。事実はさだかでない。ただ、彼らが成都を中心として呪術による治療をおこなっていたことと、反体制的な集団と見なされたことは知られる。このうち李弘の活動は、後漢に潜山で蜂起した李広のそれをなぞるがごとくであった。ここには宗教的な救済と世俗的な抵抗とが同居している。

後漢以降、老子を神と崇拝する人々は、老子がその姿かたちを変え、李を姓として世に変生したと信じてきた。一方で、漢王朝の復興を助けた李氏の姓が、反乱をくわだてる人々によって合い言葉のように用いられつづけた。

苛酷な現実からの解放と王朝簒奪という野望が重なりあったとき、ふたつの李が結びつく。

よみがえる記憶

李という姓は中国ではめずらしくもない。しかし近世にいたるまで、既存の秩序への抵抗をこころみた人々のなかには、なぜか李姓が多かった。

反乱だけではおさまりきらず政権をうばいとった者さえいる。唐の高祖李淵《りえん》がそうであり、三日天下ではあったが明《みん》末の李自成《りじせい》がそうである。彼らはいったいいつから李姓だったのか。

李淵は自分の代から李姓を名のったわけではない。れっきとした家系がある。隴西《ろうせい》の李氏はもと武川鎮《ぶせんちん》の軍閥で、八柱国《はっちゅうこく》以来の名門であるという。ではその先は？

李自成にいたっては陝西《せんせい》のどはずれの農民の子ではないか。姓など知れたものではない。そんな境涯から身を起こし、ついには明王朝を打倒していっとき帝位に就いた。

その直前のこと、側近の宋献策《そうけんさく》が「十八子が神器を主《つかさど》る」という予言をたてまつった。「十八子」をひとつにすれば「李」となる。神器は帝王が手にするしるしである。したがってこれは「李」なるものが帝位に就くことを告げたメッセージである。じつはこの予言は、さかのぼること数百年も前に語られていた。唐につづく五代、李存勗《りそんきょく》がこの予言を得て、後《こう》唐《とう》王朝を建国している。李自成の側近はこれをそっくりそのまま拝借したのだ。

李の名を隠して記したものは、ほかにも「木了一」「十八一了」「十八孩児《がいじ》」などたくさんある。「孩児」は子《みどりご》のこと。どれも次の清《しん》朝になってから押収された文書に出ている。

中国ばかりではない。韓国やベトナムにおいても同じだった。反乱者の姓には劉も張も少なくないが、圧倒的に李が多い。もちろん偶然もあったかもしれない。しかし必然もあったにちがいない。彼らもまた、官憲の目をくらますため「木子」や「十八子」などと文字を割って名を示したのである。

予言の終焉

五世紀の江南《こうなん》で将軍劉裕《りゅうゆう》は劉宋《りゅうそう》王朝を建国し、武帝を名のった。寒門の出であったという。だからなおさらだろう。漢の末裔《まつえい》を執拗《しつよう》に主張した。劉裕が図讖を利用し、祥瑞を続々と出現させたことは並大抵ではない。彼の王朝簒奪にかかわるものには讖緯の伝統に負うものがことのほか多い。文書のなかには「卯金刀」という三文字がさかんに登場する。ひとつにすれば「劉」になる。後漢の光武帝劉秀にかかわる讖緯にも、この割り字がしきりに用いられていた。

劉姓を冒《おか》してはいても、人はわきまえていたにちがいない。遠慮する必要のない北朝の史家は、その出自や氏姓についてまで『魏書《ぎしょ》』のなかで露骨に不審を表明している。李淵もこれとえらぶところがない。劉が使い古されたなら李がある。こちらは老子の末裔である。真君の血筋である。かくして李唐三百年、道教の神が宗室の始祖とあがめられたのであった。

漢が滅んでのちも、幾世紀ものあいだ漢の復興が期待された。というよりは、漢民族が中国に君臨すべしという尊大な意識が存続したのである。それは不可思議な予言や象徴が生命を持ちつづけた時代でもあった。李淵もこれを踏襲した。童謡「桃李子《とうりし》」や歌謡「東海十八子」を流行させた。これも図讖にちがいない。いずれも初唐に書かれた『大唐創業起居注《だいとうそうぎょうききょちゅう》』に出ている。図讖を利用して革命を達成した以上、もはや必要がなくなった。必要ないどころか危険きわまりない。すでに隋の煬帝《ようだい》は天下の緯書を没収して、その絶滅をはかっている。唐王朝の建国後、はたして図讖は禁絶された。

正統から異端へ

世界の破局と救世主到来の予言。——どちらも仏教には無縁である。

仏教でも法滅《ほうめつ》は説かれる。釈迦の教えが伝わっていくうちに、いつしかゆがめられ次第におとろえていく。そんな悲観的な考え方が仏教にはある。いつまでもありつづけるものなどない。釈迦の教えさえ例外ではない。ついには法《おしえ》が消滅する時代が来る。それが法滅の世である。人倫は乱れに乱れる。とはいえ、天地に異変が生じるわけではない。疫病が蔓延《まんえん》するわけではない。法滅の危機と世界の破局とは、もとより関係がない。仏教は未来の救世主についても語らない。なるほど弥勒菩薩は未来にあらわれるという。前の章に出てきた『弥勒への約束』にもそう記されていた。弥勒はいつか真理にめざめてブッダとなり、人々を教えにみちびくという。舞台となっているのは心の清らかな人々が暮らす理想の世である。困窮のさなかにいる人を救済する場ではもとよりない。

仏教の伝統においては、法滅の危機と世界の破局とはつながりがなく、救世主の到来も予言されていなかった。しかし、中国製の疑経のなかですべてが結びついたのである。『法滅尽経《ほうめつじんきょう》』が六世紀のはじめごろ華北《かほく》でつくられた。そこでは法滅と破局が連動している。「教えが今にも滅びようとするとき天は涙を流す。水は涸れて天候は不順となり、五穀はみのらなくなる。疫病が流行し、多くの人が死にたえる」という。大洪水が突然おそってきて、生あるものはことごとくおぼれただよい、うろくずに食われてしまう。それからのち弥勒が世にくだる。そのとき雨が大地をうるおして五穀は大いにみのる。世界は平和をとりもどすであろう……。

地下水脈のごとく

世界がいつか破局をむかえるという考え方は、中国には古くからある。それは中国思想の主流とはならなかったが、儒教の異端とも言うべき讖緯のなかでくりかえし語られた。異変のはじまりはしばしば十干《じっかん》と十二支を組み合わせた干支《えと》で示される。ある時間のはざかいに破局がおとずれるという発想は、讖緯文献と前後して成立した道教経典にも受けつがれた。これが仏教の疑経にも取り入れられたのである。

たとえば、大災害の勃発は甲申《こうしん》の年に配される。甲申は天地にはじまる万象が離反するとき、すなわち変異のはじまりを意味する。救世主の到来は壬辰《じんしん》の年だという。壬辰は陰の気が陽に転じて新たな生命のはじまるとき、すなわち新生を意味する。このような象徴的な干支の解釈は、漢代に複雑な展開をとげた易学の理論にもとづいている。いずれも讖緯文献につまびらかだが、『史記』の「律書《りっしょ》」や『説文《せつもん》』にも見いだすことができる。

干支で予告されるからには、途方もない未来ではない。こういった予言のありようが、弥勒の到来時期の短縮、ひいては救世主への変貌という信仰内容の変化に少なからぬ影響をおよぼしたにちがいない。

唐代につくられた仏教経典の総目録である『開元釈《かいげんしゃっ》教録《きょうろく》』には、弥勒に関係する疑経が列挙されている。現物はほとんど伝わらない。その注記に、「どれもこれも人をまどわそうとする輩《やから》が偽造したもので、弥勒が今すぐ世にあらわれると吹聴《ふいちょう》している」とある。この記述からも、弥勒の到来をきわめて近い未来に設定した疑経の盛行したことが知られる。

敦煌写本によってかろうじて伝わったものがいくつかある。そこに表明されているのは強力な救世主となった弥勒であり、そのいち早い到来への期待である。いずれも中国人による仏教の書きかえにほかならない。正統を自任する仏教教団から異端あつかいされたのは当然だろう。

遠い過去の釈迦、遠い未来の弥勒。――そのいずれにおいても「現在」が欠落していた。しかし救世主の待望にあっては、かぎりなく近い未来こそが問題である。「今日このとき」がだめでも、「明日そのとき」に一縷《いちる》の望みをかける人々がいた。そのとき彼らの信仰は実践的かつ急進的な方向へと向かわざるを得なかった。

このような方向への転換は、どれほど異端的であったとしても、のちの中国における、さらに韓国やベトナムにおける弥勒信仰のあり方を決定した。

為政者にとっては、みずからを弥勒の生まれ変わりとすることで、現在の政治体制を合法化するよりどころとなった。則天武后《そくてんぶこう》の武周《ぶしゅう》革命がその典型である。

これと対照的に、現実に絶望する民衆は地下に潜伏して秘密結社を組織し、ときに反乱勢力と結びついた。近世の白蓮教《びゃくれんきょう》はそのひとつである。そこでは弥勒信仰は道教や民間信仰ともいちじるしく混淆《こんこう》し、ますます仏教本来のあり方から離れていったのである。

救世主信仰は地の底からわきあがる叫びである。ぎりぎりの生への渇望のもとで、諸宗教がまざりあっている。まさにシンクレティズムのふきだまりと言っても言い過ぎではない。

第八章　永遠の休息をあたえたまえ
――湿潤温暖地域の死生観

カナダの小さな島で

モントリオールに行ったときのことである。

仕事が休みの日に車を借りて旅行に出かけた。セント・ローレンス川をくだり、広大な川のなかにあるオルレアン島にわたった。しばらく前までは島にわたる橋もなかったという。入植時代さながらの村がひっそりとたたずんでいる。小さな旅籠《オーベルジュ》に泊まることにした。日が暮れて、はるかな川の対岸に、見えるともなくぽつりと灯がともる。ただそれだけの、さびしく静かな島だった。

翌朝、島の教会をいくつか訪ねた。石造りの教会はどれも古そうだ。かたわらに大きな墓地がある。新大陸だけあって、墓石はゆったりした間隔でならんでいる。そこに刻まれた文字を見つめているうちに、次第に心が動いてきた。ほぼすべて夫婦の墓である。夫婦だけの墓であった。子どもの名はない。ごくまれに三人の名が刻まれている。再婚した人が、先立たれた妻や夫といっしょに葬られていた。

ヨーロッパの墓地には、倉庫のような大きな墓に何々家と書いてあるのをときおり見かける。けれど北米のこの小さな島には、一族の墓というのはなかった。筆者が新大陸に行ったのはこのときだけなので、カナダやアメリカではこれはあたりまえかもしれない。ただ見てきた事実としてこうだったというだけである。

ここは小さな島ではあるが、人が住みはじめてすでに何世代も経ている。大家族が形成されていてもおかしくない。何もない土地をたがやし、川で漁をしていくには、家族の結びつきもきっと強いものだったろう。子どもも孫もたくさん生まれたはずだ。それにしても先祖代々の墓という、日本ならばむしろあたりまえの墓がここにはない。

血のつながっていない夫婦がふたりだけで墓に入っている。永遠の休息の場をともにしているのは、たまたま出会い、結ばれて半生をともにした男女である。時がとまったような静かな島で、ずっといっしょに眠っている。

言語道断、前代未聞

墓というのはその民族の死生観や宗教感情を何よりも雄弁に語っている。そればかりでなく、人々の生活や家族のありようについてもいろいろなことを教えてくれる。

かの地では、夫と妻だけがひとつの墓に葬られていた。子どもはやがて独立し、両親のもとを離れて一家をかまえる。そのまた子どもたちも同じように巣立っていく。それぞれが親とは別の墓を立て、いつかはそこに葬られる。言うまでもなく親子であれば血はつながっている。しかし、血のつながった親子は同じ墓には入らない。くりかえすが、墓に入っているのは血のつながりのない男女である。

これは東アジアの通念からすれば破天荒としか言いようがない。とくに中国人にとっては理解を絶した行為であろう。

現代中国の人々はどのように考えるのか。かつての中国であれば、家の中心となるものは先祖の廟であった。春秋に祖廟でまつりをおこなうことが一族の重大事である。嫡男は父を継ぎ、先祖の祭祀をたやすことなく伝えていくのが務め。それこそが孝の最たるものである。亡くなれば一族の墓地に葬られる。妻の座は夫の父母のため、先祖のためにある。夫のためにあるのではない（桑原隲蔵『中国の孝道』講談社学術文庫）。

それがあたりまえという人々から見たら、よりによって夫婦が一族と別個に、ふたりだけで墓に入ろうなどというのは、言語道断、前代未聞、人倫擾乱《じんりんじょうらん》、罪悪深重《ざいあくじんじゅう》。どんなに過激な四字熟語をつらねてもなお足りない、完全無欠な暴挙である。

☞しずかにしなさい。

この世にもどってくる魂

儒教は霊魂の存在を肯定する。そのことは、天女の翼のところでふれた。先祖の霊魂は子孫とともにありつづけ、時をさだめてまつられる。

……あれっ、と思われた方もいるだろう。お彼岸の墓参りやお盆の霊迎《たまむか》えと何かつながりはないのか。

お彼岸もお盆も仏教の行事のようになっているが、インド仏教の考え方からすればあり得ない習俗である。まったき消滅にいたらないかぎり、亡き父母の霊魂はいずこかに転生している。それは人間界であるとはかぎらない。しかも前世の記憶は保存されないのが原則である。だから、春分秋分やお盆休みの混雑する日に、子どもたちのところへもどってくるいわれがない。

輪廻転生の体系《システム》のなかでは遺骨ももちろん意味がない。実際にインドでは火葬にしたあとの骨は、川に流すか骨捨て場に遺棄する。墓は立てない。位牌もつくらない。どれも仏教に関係ありそうだが、少なくとも本来の仏教とは縁もゆかりもない。すべては儒教の祖霊観の影響を濃厚に受けて変容した仏教風習俗である。

このことを儒教の成り立ちにさかのぼって考えてみたい――。

人は精神と肉体からできている。昔の人はそう考えた。精神をつかさどるものを魂《こん》といい、肉体をつかさどるものを魄《はく》という。この魂と魄とがひとつに結びついているとき、人は生をいとなんでいる。やがて生を終えると魂魄は分離し、魂は天へ、魄は地へと帰っていく。

儒教の経典『礼記《らいき》』に言う。

魂気《こんき》は天に帰し、形魄《けいはく》は地に帰す。

「魂」の字のなかの「云」は雲の形象であり、魂は雲気となって浮遊すると考えられた。

「魄」の字のなかの「白」は白骨と化した頭骨をかたどるという（白川静『字統』平凡社）。

子孫はまつりのときに、はなればなれになった先祖の魂と魄とを呼びもどして再生させる。先祖の忌日には一族の者を尸《かたしろ》とし、そこに魂と魄をよりつかせる。香を焚《た》いて魂をまねき、酒を大地にそそいで魄を呼びおこす。

尸の原義は「しかばね」だが、先祖のまつりでは動かぬ「しかばね」のごとき「かたしろ」に死者の霊魂がくだる。その形代《かたしろ》には誰がなるのかと言えば、親のまつりのときは、その子ではなく孫が選ばれた。これも『礼記』の説くところである。

こういう習俗は地球上の多くの民族がおこなっている。いわゆる招魂《しょうこん》儀礼である。漢民族だけのものではない。中国ではこの儀礼に奉仕したのは儒《じゅ》と呼ばれる人々だった。

聖人のおいたち

白川静《しらかわしずか》氏によれば、需《じゅ》は雨請《あまご》いをする巫者《シャーマン》であるという。この字のなかの「而《じ》」は髪を切られた人のかたちで、受刑者もしくは特定の賤職にたずさわる者をあらわす。雨請いの儀礼では巫者を焚殺して犠牲にすることさえおこなわれた。儒はこのような巫術《ふじゅつ》をなりわいとした階層から出ている。彼らが葬礼にたずさわったのは、その本来の職掌を示すという。

巫者によって伝えられた、ふりし世の神事を再構築し、あらたな意味をあたえ、その実践を推進したのが孔子であった。孔子自身もその階層から出たにちがいない。同じく白川氏の『孔子伝』（中公文庫）はそれを主張する。

墓室扉（江蘇省出土画像石）

後世の儒家による粛然たる典礼からはおよそ想像もつかないような、恍惚《こうこつ》に満ちた降霊の儀式によって、死者はいっときなつかしい家族のもとに帰ることができた（加地伸行『儒教とは何か』中公新書）。のこされた者たちもあたかも死者にまみえるがごとく、死者はその場にいますがごとく、幽冥境を異にする一族がふたたびつどいあって正餐《せいさん》にあずかる。かつて目のまえのごちそうをともにし、ともに談笑し、ついにみまかった人も、今日はここにいる。

　こうした死者と生者のむつみあうぬくもった世界は、しかし、いつしか漢民族の文明社会から遠ざけられ、冷たい秩序の背後に追いやられていった。

　上は皇帝から下は士大夫《したいふ》と呼ばれた官僚階級まで、家々に先祖の廟が築かれた。そのなかに御霊屋《みたまや》とも言うべき祠堂《しどう》があり、先祖の木主《ぼくしゅ》が安置されている。庶民の家でも居宅のなかに、そのような空間が設けられた。木主は直方体の板で、神主《しんしゅ》とも言う。生身の尸《かたしろ》に代わって霊魂を依りつかせる形代《かたしろ》である。先祖の忌日や春秋にまつりをするとき、家長は木主を祠堂から居宅に移して奉仕する。終わればこれを祠堂にもどす。

この木主がやがて仏壇のなかの位牌となっていく（拙著『葬儀と日本人』ちくま新書）。

くずれた両親の墓

それでは、古代の中国において墓はどのようなものであったか。

『礼記』は次のような話を伝えている――。

孔子はおさないときに父をなくした。その墓がどこにあるのか知らなかったので、母が亡くなったとき、やむなく往来の脇に棺《ひつぎ》を安置しておいた。のちに人にたずねて父の家の墓がわかったので、ようやく母を父のかたわらに葬ることができた。母は夫の死後、子を連れてその家から離れて暮らしていたのか。

亡き母を父の墓に合葬したとき、孔子はなお放浪の身であった。みずから語っている。

聞くところでは昔は墓をつくるにも土を盛ることはしなかったそうだ。それでも、私は東へ西へ、南へ北へと行ったり来たりする身のうえである。せめて父母の墓をそれとわかるようにしておきたい。

そこで盛り土をして墓を築いた。ところが雨が降りつづいたため、墓はくずれてしまった。それを聞いた孔子はぽたぽたと涙をこぼしたという。

天は孔子にささやかな父母の墓を築くことさえゆるさなかったのか……。

この哀話には、古代の葬墓制について考えるための手がかりがいくつかふくまれている。まず孔子の言葉、もとの漢文は「古《いにしえ》は墓《ぼ》して墳《ふん》せず」とある。墓域は設けても墳墓はつくらなかったというのだ。それを孔子はあえてした。『礼記』に「その崇《たか》さ四尺」とある。昔の尺度は今よりずっと小さいから、四尺は一メートルにも満たない。墳墓と言っても土饅《どまん》頭《じゅう》ほどである。昔はそのわずか数尺の盛り土さえしなかった。それくらいに墓が重んじられることはなく、墓地で先祖のまつりをする習慣もなかったと考えられている。

そんな社会常識にそむいて、孔子はいくらかでも目立つ墓をつくろうとした。しかしなおも古代葬墓制の通念は強固であった。それでも、ようやく人々の意識が変わるきざしを見せはじめていたのだろう。そうした変化をこの話は伝えている。

『礼記』の編纂は漢代までくだる。したがって墓に対する意識の変化は、それに先立つ戦国時代から秦漢にかけてであったにちがいない。この境目の時期から巨大陵墓の造営もはじまっている。墓の構造も現世の住まいを模したものになっていく。

先祖の霊魂がくだる尸は、もはやまつりの中心ではなくなろうとしていた。霊魂のやすらう場があるとすれば、やはり墓を措《お》いてほかにはない。そこには死者の遺骸がねむっている。その場所をたっとぶ意識がめばえた。意識と言うより、それは心情と言うべきかもしれない。

賀茂川の流れに

すでに述べたように、輪廻転生を大原則とするインドの仏教では、遺骨になんら未練はない。したがって墓には無関心である。戒律にも言及がない。お寺と言えば墓、という日本の常識はどこから出てくるのか。

親鸞聖人は「某《それがし》閉眼《へいがん》せば賀茂河《かもかは》にいれてうほにあたふべし」と言いのこした。これは本願寺第三世の覚如《かくによ》が『改邪鈔《がいじやしよう》』に伝えている。自分が死んだら賀茂川に捨てて、魚のえさにしてくれというのである。これこそ仏教の面目躍如たるもの。――とは言うものの、真宗《しんしゆう》の寺院にも墓地があり、墓が立っている。これはやはり墓をおろそかにできない心情に支えられているのだろう。

墓を大事にし、位牌を継承する仏教風習俗は、まったく中国伝来のものである。その最たるあらわれが、お盆の行事にほかならない。

中国では先祖のまつりのときに死者の魂を迎え、そして送り返した。お盆の迎え火と送り火にそのなごりがある。迎え火の日に墓にもうでて線香を焚き、酒をそそぐ。位牌の前に供え物をならべる。いずれも古い中国の習俗そのままである。

七月十五日の盂蘭盆会《うらぼんえ》は、南北朝時代の中国において先祖のまつりとして庶民にまで浸透し、仏教徒にとって大切な年中行事とされた。その典拠となったのが『盂蘭盆経《うらぼんぎよう》』である。『盂蘭盆経』はわずか七百字ほどの短い経典である。四世紀ごろ漢訳されたというが、中国でつくられた疑経であることは確実だろう。ただし、アヴァダーナと呼ばれるサンスクリットの仏教説話に取材した部分があることも見のがせない。中国人の先祖崇拝のありかたにかなっていたためか、その受容は深く、かつ広かった。次のような物語である。

やせおとろえた母

釈迦の弟子のひとりにモッガラーナという人がいた。

遠くはなれたところにいた師の言葉を、心を澄まして心の耳で聞くことができたという。インドの経典にそう語られている。後世、神通《じんつう》第一とたたえられた。漢訳仏典では目犍連《もっけんれん》あるいは目乾連、つづめて目連《もくれん》の名で登場する。『盂蘭盆経』はこの目連が主人公である。

目連は修行のかいあって、神通力を得ることができた。自分を育ててくれた母の恩になんとか報いたいと思い、母が死後どこでどうしているのかと心の目でながめてみた。なんと母は餓鬼に生まれ変わっているではないか。食べるものもなくて骨と皮ばかりにやせおとろえた母。


目連は悲しみのあまり、すぐに鉢に飯《めし》を盛って母のもとにかけよった。母は飯をもらうやいなや、左手でかかえこんで隠し、右手で飯をほおばろうとしたが、まだ口に入らないうちに飯は燃えあがり、とうとう食べることができなかった。目連は大声をあげて泣きさけび、涙がとめどもなく流れた。たまらず駆けもどって師にこのことを訴えたのである。

ごはんを手にしたおかあさんが隠すようにかかえこむ。……この場面は、どんな地獄の責め苦のありさまよりもつらい。

しかしもはや目連の力ではどうすることもできない。釈迦に救いを求めるしかすべはなかった。師は答えた——。

私にもどうすることもできない。すべては自分がしたことの報いなのだから。おまえの親孝行は神々の心を動かすほどである。けれど神々でさえどうすることもできない。それほどにおまえの母の罪は重いのだ。このうえは世界中にいる僧侶の功徳《くどく》の力にたよるほかない。陰暦の七月十五日は安居《あんご》の終わる日である。この日に僧侶たちに食べ物や飲み物、ろうそくや敷物をととのえ、盆に盛って供えるがよい。——釈迦はそう告げたのである。

インドでは春から夏にかけて雨がつづく。そのあいだ外を歩くと、知らずに小さな虫を踏みつぶしてしまう。そこでこの時期は洞窟や寺院にこもって修行に専念する。ちょうどその安居が終わろうとするときだった。

目連はそのとおりにした。その場にいた者たちは歓喜し、目連の悲しみもやわらいだ。こうして目連の母は餓鬼の苦しみからぬけだすことができたのである。

父母へ、そのまた父母へ

経典はさらにつづく。

目連は安堵して釈迦にたずねた。——数知れぬ僧侶の功徳のおかげで母を助けていただくことができました。これからのち、孝を思う人が盆の供養をおこなうならば、その父母はもとより七世代々の父母をも救うことができるでしょうかと。

釈迦は目連の問いによろこんで答えた。現在の父母と過去七世の父母のため、毎年七月十五日に盆をもうけて僧侶に供養せよ。そうして育ててくれた父母のかぎりない恩に報いよ。

——そのように説いて経典は終わる。

これは母思いの目連の孝の物語である。しかもその孝心は、父母だけでなく先祖にまでおよんでいる。それにしても子がお坊さんをもてなせば、お坊さんたちのおかげで先祖の犯した罪まで帳消しになるという。いくらなんでも仏教のありようからはずれすぎていないか。

人が生きているあいだに犯した罪にはいつか報いがある。生きているあいだにはなくても、死んでのち別の肉体にやどってから報いがあらわれる。まったき消滅にいたらないかぎり、何度でも生まれ変わるのだから、いつか報いはあらわれる。その罪も罰も他人が代わって引き受けることはできない。神仏でさえどうすることもできないはずだ。

さらに仏教では考える。人の命はいま偶然この肉体にやどり、いつか偶然また別の肉体にやどる。だから今生《こんじょう》の親と子のきずなだけにかけがえのない価値があるとは、かならずしも考えない。『歎異抄《たんにしょう》』にも言うではないか、「親鸞は父母《ぶも》の孝養《けうやう》のためとて、一返《いっぺん》にても念仏申したること、いまださふらはず」と。なぜなら、生きとし生けるものすべては、いずれかの時に父母であり兄弟であったかもしれないのだから。

しかし、このありがたき儒教の国々では、肉親への孝に向けられた思いの強さが仏教の常識さえくつがえしていく。盂蘭盆会《うらぼんえ》は先祖の罪をあがなう孝養のまつりとなった。『盂蘭盆経』が仏教の『孝経』と言われるゆえんである。

連日食事に招待

六世紀の中国は南北朝時代の終わりごろ、長江中流の荊楚《けいそ》地方の年中行事を伝える『荊楚歳時記《さいじき》』という書物がある。そこには「七月十五日には僧侶も尼僧も在家の信者も、こぞって盂蘭盆会をいとなみ、寺々に供え物をした」と記されている。

唐の時代になると、まつりはますますさかんになる。長安の大寺院には朝廷から供養の品々が贈られ、楽人や曲芸師がやとわれた。国際都市長安のことだから、西域渡来の胡人による幻戯《げんぎ》も披露されたにちがいない。

そのころ日本から円仁《えんにん》という僧侶が唐に留学していた。のちに天台座主《てんだいざす》をつとめる仏教界の大物である。

開成五年（八四〇）七月十五日、則天武后時代の北都太原《たいげん》にいた円仁は、方々の寺院から招待されて供養の食事のもてなしを受けた。諸寺はいずこも目がくらむほどに飾りたて、人々もみな家から出てきて巡拝したという。このまつりは十七日までつづく。そのあいだ円仁は食事に招待されっぱなしである。

四年後の会昌四年（八四四）の夏には長安の都にいた。町中が盂蘭盆会でごったがえしている。供え物のまわりに色とりどりのろうそくがともり、造花や細工物の樹木をならべて巧みをきそいあった。都の人々は寺々にもうでて先祖の霊に供養し、たいへんなにぎわいを見せていたという。

このとき皇帝の命令がくだり、仏殿を飾っていた花を興唐観《こうとうかん》というその名も露骨な道教の寺に運ばせた。そこで一悶着《ひともんちゃく》あった。盂蘭盆のまつりは道教の中元節とかさなっている（このことは後で述べたい）。そのためいよいよ儒・仏・道ごたまぜ《シンクレティック》になり、まつりもいっそうはなやかになっていたのである。

円仁の留学記録である『入唐求法巡礼行記《にっとうぐほうじゅんれいこうき》』は、当時の中国仏教界のようすだけでなく、こうした人々の生活や風俗をあますところなく伝えている。今でこそマルコ・ポーロの『東方見聞録《とうほうけんぶんろく》』や玄奘三蔵《げんじょうさんぞう》の『大唐西域記《だいとうさいいきき》』とならぶ紀行文学の白眉とされるが、その名を世界に知らしめたのはアメリカ人エドウィン・ライシャワーである。

日米安全保障条約の改定直後に駐日大使をつとめたライシャワーは、東京生まれの東京育ちである。パリ大学に留学して極東アジア史を研究し、のちにハーヴァード大学教授となった。留学中にコレージュ・ド・フランスの碩学《せきがく》ポール・ドゥミエヴィルから『入唐求法巡礼行記』の研究をすすめられたという。当時は日本でもこの書物に注目する研究者はまだ多くなかった。ライシャワーは英訳書と研究書を完成させ、世界の学界にその価値を問うたのである（研究書は邦訳がある。田村完誓訳『円仁 唐代中国への旅』講談社学術文庫）。

なお、厳父はプロテスタントの宣教師で、東京女子大学の創立にたずさわった。師のドゥミエヴィルは次の章に登場予定。

サマルカンドの先祖のまつり

そも盂蘭盆会の「盂蘭盆」とは、なんのことか。

どう見ても中国語ではなさそうだ。外来語の音を写したものにちがいない。古くからサンスクリットの「ウッランバナ」という言葉がもとだとされている。「逆さ吊《さかづ》り」という意味である。インドの古い言い伝えでは、子孫をのこさなかった者は餓鬼となって逆さ吊りの苦しみを受けるとされた。この説は唐の時代からおこなわれている。

この古典的解釈をまっこうから否定したのは、仏教文学の研究者として知られた岩本裕《いわもとゆたか》氏である（『目連伝説と盂蘭盆』法藏館）。

理由はいくつかある。まず『盂蘭盆経』のなかに「逆さ吊り」に関連する言葉がまったくないこと。また、経典に出てくるのは子のいない餓鬼などではなく、たいそうな孝行息子をもった母親であること。一番の理由は、ウッランバナという言葉そのものが今日までに知られている文献のなかに見いだされないことだという。

これはなかなかすごい発言である。サンスクリット文献の厖大さは、ギリシア古典の量などとは比較にならない。筆者のようなのがこの言葉は文献に見あたりませんなどと言おうものなら、もっとよく探しなさいと怒られるのがオチである。しかし大学者が「ない」と言うのだから、それは本当にないのだろう。もしも反論したければ「ある」という実例を出すしかない。今日にいたるまでどこからも出てくる気配がない。

どちらも反省会

中国語でもなくサンスクリットでもないとすれば、いったいどこに起源があるのか――。それは古代イランの言葉で「霊魂」を意味する「ウルヴァン」である、と岩本氏は主張する。この言葉は、南北朝時代から唐代にかけて中央アジアで活動したソグド人によって、中国に伝えられたという。

ソグド人というのは、サマルカンドを中心としたソグディアナ地方に住むイラン系民族である。彼らは交易によって栄え、西域の文物をふんだんに中国にもたらした。そのいくつかは石田《いしだ》幹之助《みきのすけ》の『長安の春』（講談社学術文庫）に紹介されている。フランス社会科学高等研究院で中央アジア史を講じるエティエンヌ・ド・ラ・ヴェシエールの最新学説によれば、交易の相手国は中国やインドだけでなくビザンツ帝国にもおよんでおり、その足跡は黒海の北岸から朝鮮半島までたどれるという。

死者の霊魂であるウルヴァンのまつりについては西域の文献に記されている。先祖の廟で杜松《ねず》を焚いて食べ物を供えておくと、この日ばかりはウルヴァンが天国や地獄から帰ってきてごちそうを味わっていく。その姿は見えないけれど、子どもたちや親族の者と団欒《だんらん》のときをもつとされる。――いかにも盂蘭盆の行事につながる親密な先祖のまつりではないか。

ただこの解釈、いくらか疑問も残る。経典中に出てくる「盂蘭盆」の語はしかし、「盆器」や「盆」とともに器物の意味でしか用いられていない。教えを乞いたいと思う。

この西域伝来らしき先祖祭祀が、中国人の生活のなかに溶けこんでいくにあたっては、道教の中元節との結びつきが重要な役割をはたしたと考えられている。

お中元といえば今では夏のごあいさつになってしまったが、もとは古い道教の儀式だった。中元というからには上元も下元もある。あわせて三元という。天・地・水をつかさどる三人の神々をそれぞれに配している。中国では神様まで役人である。天官・地官・水官、まとめて三官と呼ぶ。三官は天下のあらゆる者の行状を監視し、善悪の度合に応じて寿命を掌握する。逃げ隠れはできないのだ。

成都を中心とする四川の地で、今から千八百年前の後漢末期に道教の教団が生まれた。前の章にも出てきたが、初期には五斗米道《ごとべいどう》と呼ばれた。信者になるとき五斗の米を納入させたので、この名がある。漢代の一斗はだいたい今の一升にあたる。五斗ならば一升枡《ます》で五杯分というところか。

難病治療を看板にした当時の新興宗教である。

病気になるのは悪いことをした報いである、と昔の人々は考えた。この伝統は中国ではなかなかに古い。反省しておこないを改めれば、病気が治り長寿をたもつことができるわけだが、これですむなら米をかついで来る人がいなくなってしまう。おごそかな懺悔の儀式が必要になる。

信者はみずからの罪を悔いたうえで、二度と罪を犯さないように誓約書を三通作成する。一通は山上に置き、一通は地下に埋め、一通は水中に沈めて、天・地・水の三官に届くようにした。天官は人に福徳をさずけるという。地官は罪過をゆるす。水官は災厄をはらう。のちには「天官賜福《しふく》」「地官赦罪《しゃざい》」「水官解厄《かいやく》」を願うまつりが挙行されるようになる。正月十五日を天官の誕辰《たんしん》すなわち誕生日とし、これを上元節とする。七月十五日は地官の中元節、十月十五日は水官の下元節とした。三官信仰のはじまりは後漢だが、三官と三元の結合は南北朝時代とされる。道教の経典に『太上三元三官大帝賜福赦罪解厄消災延生保命妙《たいじょうさんげんさんかんたいていしふくしゃざいかいやくしょうさいえんせいほめいみょう》経《きょう》』というのがある。上に述べたことをことごとく題名に盛り込んである。

やがて上元は年中行事の灯節《とうせつ》とかさなり、中元は盂蘭盆会とかさなった。安居が終わる七月十五日に、僧侶は集まって修行中のことを反省し、罪を告白し懺悔する。これを自恣《じし》という。これはインド仏教以来の伝統であったが、道教徒の反省会とつながったのである。このようなところに、盂蘭盆会と中元節が結びつくいっそうの接点があったにちがいない。

語りつつ歌いつつ

目連に話をもどそう。

母を救った目連の物語が、孝をこのうえないものとする社会から歓迎されたのは当然だろう。『盂蘭盆経』から救母の物語だけ抜き出して『浄土盂蘭盆経』という疑経がつくられ、さらに目連変文《へんぶん》の流行を見ることになる。

変文は唐代から流行した。その背景には俗講《ぞっこう》の普及があった。

経典の内容をわかりやすく解説する講経《こうきょう》が寺院でおこなわれた。僧侶を相手にしたものなので僧講とも呼ばれた。これに対して、俗人を聴衆としたのが俗講である。講経では経典の文章をひとつひとつ引くが、俗講では経典の内容をかみくだいて物語っていく。記録によれば、仏教だけでなく道教にも俗講があった。この俗講のとき種本として用いられたのが変文である。

『法華経』や『阿弥陀経』を説きあかす変文がつくられる。釈迦の伝記のなかから『降魔《ごうま》変文』や『成道《じょうどう》変文』がつくられる。さらに『父母恩重経《ぶもおんじゅうきょう》』や『盂蘭盆経』など疑経の変文もつくられるようになる。のちには『王昭君《おうしょうくん》変文』や『李陵《りりょう》変文』といった世俗の話題も取りあげられた。本来は方便であろう。日本の説教者《せっきょうじゃ》が忠臣蔵の寺岡平右衛門《てらおかへいえもん》の段を語るのと変わりがない。

『盂蘭盆経』のそれは『目連変文』あるいは『目連救母《ぐも》変文』などさまざまな題名がついている。どれもすこぶる好評であったらしく、敦煌に伝わった写本はほかをしのいで数が多い。

そのひとつ、現在は大英図書館にある『大目乾連冥間《だいもっけんれんめいかん》救母変文』には、題名につづいて「幷《ならびに》図一巻」と記されている。写本の内容を図示した絵が付随したのである。

変文の内容を絵であらわしたものを変相《へんそう》と呼びならわす。しかし実際に「変相」という名で伝わっているものはわずかで、ほとんど「変」とだけ記されている。じつは変文も同じで、写本の題名は「変文」よりも「変」の方がはるかに多い。これは何を意味するのか。

「変」と訳されたインドの言葉「チトラ」は、神々が「多様に」変現することを意味する。そのさまを描いた絵も、それを物語る文もひとしなみに変と呼ばれた。しかし分業が進んだ現代に生きる私たちは、変相と変文を別のものとしてあつかっている。美術と文学がおぎないあう、などと考えがちだ。しかし、変相も変文もいずれもただ変とのみ呼ばれたという事実は、もともと両者は別物ではなく一体であったことを示唆している。

目連がさしだす飯《めし》を母がつかんで口に入れようとする。たちまち飯は燃えあがる。――変文の一写本はここに、「さても母に飯をさしだす場面をご覧あれ」と記す（もとの漢文を訳してみた）。そこから文章は韻文に変わっていく。「うまき飯の喉《のど》に入《い》らぬにたちまちに、猛火となりて母の口より燃えいでぬ」……目連は胸をたたいてくずおれる。その場面を絵に見つつ、語りは調べをともなって山場へ向かう。

極楽よりも地獄が好き

写本として伝わる変文は、俗講のための台本というよりは手控えのたぐいではなかったかと考えられる。写本にはたいてい散文と韻文が交互に記されている。実演では語りと歌いが順にくりかえされたにちがいない。なかには韻文のみという写本もある。

パリ国立図書館にある敦煌写本『降魔変文』では、紙の表面に描かれた絵の裏に、場面ごとの韻文の説明が書いてある。絵を聴衆の方に向け、裏に書かれた韻文に節をつけて朗唱したのだろう。散文が書いてないのは臨機応変に語るためかもしれない。しかし節をともなうところは、字数をそろえて韻を踏まなくてはならない。あらかじめ仕込んでおく必要がある。もちろん昔なら暗誦《あんしょう》があたりまえで、伝授も文字によらないのが普通だろうが、たまたま筆録されたものが残ったのではないか。

時代が変わり、俗講が寺院でおこなわれなくなると、変文も姿を消していく。しかし目連の物語は、宝巻《ほうかん》と呼ばれる語り物文芸のなかによみがえる。これは説経浄瑠璃《せっきょうじょうるり》によほど近いものとされる。近世になると『目連宝巻』をはじめ、これもさまざまな題名のものがつくられた。

さらに雑劇にも仕組まれて目連戯《ぎ》を生んだ。北宋《ほくそう》時代の首都汴梁《べんりょう》、現在の開封《かいほう》の町のにぎわいを記した『東京夢華録《とうけいむかろく》』には、七月十五日の中元節に目連救母の劇が上演されたとある。この目連戯はさまざまに変質しつつも、今にいたるまで中国各地に伝承されている。

『盂蘭盆経』では母は餓鬼道に転生して苦しんでいるが、地獄に転生したわけではない。そこには地獄の描写はない。しかし『目連変文』や『目連宝巻』では母は地獄に堕《お》ち、かぎりも知らぬ責め苦を受けている。目連は母を捜してあまたの地獄をへめぐった。行く先々でなんとも残酷な描写がくりひろげられていく。語る方も聴く方もその場面にのめりこんだにちがいない。変文も宝巻も、中心は地獄めぐりにあったと言うべきだろう。

ところで、大学で極楽浄土の話をしても学生たちは居眠りしてばかり。地獄の話をはじめると目をかがやかせて聴いている。地獄について聴くのも語るのも、これほど楽しいことはない。けれども切りがないから、本書のテーマに関連することをひとつだけ取りあげたい。

冥界のシンクレティズム

仏教経典のなかで地獄について説いたものはたくさんあり、なかには地獄のことだけ説いた経典もある。いくつかは仏教が中国に伝わった早い時期から訳されている。インドの言葉「ナラカ」を音写して「奈落迦《ならか》」、略して「奈落《ならく》」、また意訳して「地獄」の名で出てくる。注目すべきは、「太山《たいざん》地獄」や「泰山《たいざん》地獄」の名が見えることである。どちらも中国の泰山のこと。この言葉がサンスクリットの原典にあったはずはない。漢訳のとき加えられたにちがいない。なんのために？

奈落迦といい奈落といっても、はじめて聞いた中国人にはなんのことかわからないはずだ。地獄にしたところで同じだろう。そこで泰山の名を頭につけて連想を容易にしたのではないか。泰山の地下には死者の住む世界があると信じられていたからである。

泰山岱宗坊（シャヴァンヌ『泰山』）

孔子のふるさと曲阜《きょくふ》に近い山東《さんとう》省の平野に、泰山はそびえている。

中国には古来人々の崇拝を集めてきた山がいくつかある。その代表が五嶽《ごがく》であり、東にそびえる泰山は東嶽《とうがく》としてあがめられた。日の出《い》ずる山はまた生命のはじまりをしろしめす山。命の生まれ出ずるところは、いずれ命の帰り着くところとなる。やがて、死者の魂が泰山にもどってくるという信仰が広まった。後漢の時代、西暦紀元のはじまるころとされる。死霊のつどう場所も泰山のふもとに定められた。蒿里《こうり》という小さな丘である。かつては墓碑が林立していた。もとは高里と記したが、死者の住む里として挽歌《ばんか》にうたわれた蒿里と混同されていく。ここにはかつて豪壮な森羅殿《しんらでん》がそびえており、中庭を囲む塀にそって七十五司がならんでいた。ことごとく地獄の法廷さながらにしつらえてあり、罪人を懲らしめる刑罰のさまが塑像であらわされていた。似たりよったりの施設は各地の東嶽廟でも見ることができたが、こんな迷信の権化《ごんげ》のようなものは革命中国で容赦なく破壊されてしまった（革命直前のようすは、清朝の末年にその地を訪れたフランスの東洋学者エドゥアール・シャヴァンヌの名著『泰山』に活写されている）。

同じような霊山は中国全土にあった。『韓非子』は、五嶽のひとつ華山《かざん》の名をあげている。また、東北の烏桓《うがん》という民族は、亡くなった人の魂は赤山《せきざん》におもむくと信じていた。あたかも死霊の泰山に帰するがごとしと『後漢書』は記す。あるいはまた、はるか北方の地に羅酆山《らほうざん》があるといい、死後はこの山にある冥界で審判を受けるとされた。道教経典に酆都《ほうと》地獄の名で登場する。

これらを圧して泰山がその総元締《そうもとじ》めとなったのである。そこには泰山府君《ふくん》という冥界の長官がおり、人の寿命を裁定した。やがて仏教の地獄十王（閻魔《えんま》大王はそのひとり）と混淆し、地獄の裁判長として死後の処罰をとりしきるようになる。その名も東嶽大帝へと変わっていく。

泰山府君の信仰は日本にもたらされ、平安時代の貴族のあいだに広まった。かの安倍晴明《あべのせいめい》は泰山府君祭を秘技としたという。しかしこれは庶民のあいだには広まらなかった。

山また山の日本列島には、死者のおもむく山はそこかしこにある。先祖の魂は、朝な夕なにながめ暮らす山の向こうでねむっている。これも後には、高野山《こうやさん》や木曽の御岳《おんたけ》、熊野の妙法山《みょうほうざん》や伊勢の朝熊山《あさまやま》などの山岳霊場に集約されていった。

山へ帰ろう

平成十六年（二〇〇四）に中越地震が起きた。もっとも被害が大きかった山古志《やまこし》村は今では長岡市に合併されている。地震のときの村長さんが筆者の勤務する大学の卒業生であったご縁で、大学をあげて復興を支援した。建築土木や社会福祉の先生方が中心だが、筆者も何かお役に立つことがあればと思い、ときどき山古志におじゃました。

旧村内では集落によって被害の度合もさまざまだった。復旧のめどがたたずに、一集落がまるごと移転してしまったところもある。しかし多くの方々にとって帰村への思いはなんとも強いものだった。先祖伝来の土地であることはもちろんだが、それとは別の次元で心をつなぎとめているものがあるように思えた。

被災後の村では、水没した墓地がいちはやく再整備されている。おどろくべきことに道路や橋が復旧されるよりも早かったのである。

山古志は『八犬伝《はっけんでん》』の昔から闘牛でその名を全国に知られており、再開へ向けての動きもすみやかだった。これほど目立ちはしないものの、村では古くから十二山神《じゅうにやまのかみ》が信仰されており、そのまつりも帰村後まもなくおこなわれた。神様がいる山々にご先祖様もやすらっているという思いが、そこにあるように感じられた。

山古志からのぞむ八海山（筆者撮影）

もはや民俗学の領域になってしまうが、山神のまつりというのは祖霊祭に結びついている。山古志だけにかぎらない。山は先祖を葬るところだったため、山の神霊と祖霊とがつながっており、そこから先祖の霊が山中にやすらうという心性もはぐくまれたのだろう。

それは理屈ではない

柳田國男《やなぎたくにお》に『魂の行《ゆ》くへ』という文章がある。

「魂になつてもなほ生涯の地に留まるといふ想像は、自分も日本人である故《ゆえ》か、私には至極楽しく感じられる。出来るものならばいつまでも此国《この》に居《い》たい。さうして一つの文化のもう少し美しく開展し、一つの学問のもう少し世の中に寄与するやうになることを、どこかささやかな丘の上からでも、見守つて居たいものだと思ふ」

この世とあの世とのあいだがそれほどへだたったものとは考えられていない。それどころか、「丘の上から」というほどに隣りあっていると語られる。山に囲まれた土地に生まれ育った人にとって、亡くなった父母の魂は山にあり、そこから子どもたちを見守っている。十万億土の遠いかなたになど行きはしない。そのことをこの日本民俗学の開拓者はくりかえし述べている。

娘婿《むすめむこ》であった宗教学者の堀一郎《ほりいちろう》氏があるとき柳田に語った(『聖と俗の葛藤』平凡社)。

「私は神や霊魂の存在は信じません。しかしそれを信じている多くの人々のいることは事実ですし、その事実は重要なものとして尊重しております」

婿殿《むこどの》はちと優等生すぎるようだが、聞いていた岳父は甘酸っぱいような、にがいような顔をしてこう言った。

「だって君は、亡くなったおとっつあんに、毎朝煙草《たばこ》をあげているというじゃないか。一体君は亡くなった人の何に向って煙草をあげているかね」

痛いところをつかれた婿殿。

「それは父親が好きだったし、子供のときから祖母や母にやらされて、まァ一種の習慣です」

頑固者の岳父は追い打ちをかける。

「いや、それが霊魂の存在を認めている証拠だよ。日本人の霊魂観というのはヨーロッパの宗教学者のいうような理窟じゃない」

足を向かわせるもの

遠い先祖のことではない。まぶたに浮かぶ人のおもかげ。

民俗学者の桜井徳太郎《さくらいとくたろう》氏が恐山《おそれざん》のイタコについて述べた文章がある（『日本のシャマニズム』上巻、吉川弘文館）。

山麓の村々では亡くなった人はみな「お山」へ登ると信じられている。お山とは恐山のことである。下北半島はもとより南部地方でも、人が亡くなることを「お山へ行った」と言うところが多いそうである。そこでは「死者の埋葬にあたっては、死人に白い脚絆《きゃはん》や手甲《てっこう》を付け、ワランジを履かせ、その紐が途中で解けないようにと、かたく結んで納棺する」という。

恐山はそのようにして登っていった死者の霊魂で満ちている。人々はこの山へ行きさえすれば、いつでも死者にめぐりあうことができると信じてきた。――それにしても今の時代に、たとえみちのくのはずれではあっても、そんな思いをいだきつづけている人がいるのだろうか。桜井氏も言うとおり、実際にこの点を開きなおって問いただすと、誰も死霊の実在を信じているわけではないことがわかるという。

「けれども、夭折した愛児をもつ母親、漁船の難破で最愛の夫を失った妻、今次の大戦で子息を戦病死させた老母にとっては、科学的に証明されるか否かとは関係なく、そのような観念を抱かなくては救われようのない悲痛を、この山参りによってわずかに医《いや》すことができる。(中略)ホトケオロシをしても事故死の夫が還ってくるわけではない。戦死の息子が帰還するわけでもない。その事実は誰よりも弁《わきま》えている。しかし、せめて『お山』へ行けばホトケに会えると信ずることによって、わずかに慰められるし、これまでせきとめていた涙を恐山へ登って流し尽くすことによって、少しは救われるのである」

そうした思いが人々の足を山へと向かわせるのだろう。

東アジアの宗教思想のなかには、人としての「道」を実践していくことや、秩序ある社会の建設をめざす高い理想がある。それは言うまでもないが、そういった精神形成とはまた別の局面もゆたかにある。そこには、さまざまな災難からのがれたいという願いもある。厄払いのまじないもある。病気平癒の祈禱もある。そして、病の行きつく先の死と、死者がねむる墓と、その下にひろがる冥界と、そこで裁かれていく罪と罰、その責め苦の苦しみ、そこからの解放、死霊の救済、……そういったものも、人々が宗教に求めてきた切実な局面としてあるのではないか。

儒教と仏教と道教がそれぞれに、ときとしてそれらがないまぜになってひろがっていく信仰の世界には、そうした可能性を考えさせるものがある。

第九章　東アジアの思想空間へ
——思想を生みだす時と場所

思想がめばえるとき

これまでいくつかの主題について儒教・仏教・道教の交渉と融合のありようをたどってきた。三教が混然と溶けこんでいくなかで、高邁《こうまい》な思想も奥行きをひろげ、ふところの深い信仰の世界がはぐくまれていた。最後の章では、儒・仏・道が交渉し融合をくりひろげた時と場所を見わたしてみたい。それによって東アジア思想空間の見取り図を大づかみに描くことができればと考えている——。

魏の王弼《おうひつ》は『易』と『老子』の注釈をつくった（第七章に登場）。彼が生きたのは三世紀の三国時代である。そのころ『易』と『老子』と、さらに『荘子』がインテリに愛好されるようになった。老荘の復活である。『易』は儒教の経典のなかではもっとも思弁にあふれている。それまでは儒教の教学一辺倒であったが、もはやそんなものは見向きもされない。こまかしい理屈や文字の詮索など、てんではやらない。社会が混乱している時代のインテリは、やけくそになって気宇壮大な大宇宙論的形而上学にのめりこんだ。

世のなかが着実に動いているときは、目の前にあるひとつひとつの事柄をきちんと処理することが必要であり、それが可能でもある。しかし世のなかがどこへ向かうかわからないときは、身のまわりのこまごましたことはどうでもよくなる。人知を超えた運命、現象の背後にある真理、空よりもっと高いところにある宇宙の法則に思いが向かう。それは現実からの逃避でもある。

遠大な思想はそのとき生まれる。

中国ではそれが春秋戦国時代であり、後漢末から南北朝時代にかけてであった。

宋代の後半がそれにつぐかもしれない。こちらも劣らず大きいという人もいるだろう。しかし地球の表面を変えてしまったという点で、上のふたつの時代はスケールがちがう。

春秋戦国時代に儒教が形成され、道教のもとになる『老子』の思想が登場した。そのころ仏教もインドで成立したが、中国には到達していない。そこでもっぱら南北朝時代がこの章の主題となる。三世紀はじめの後漢の滅亡とともに中国は分裂の時代に入った。このときから隋が南北統一をなしとげた六世紀末までを視野に入れたい。

仏教の中国浸透

仏教はいつ中国に伝わったのか。

それは後漢の時代、紀元後一世紀とされる。いくつかの経典がもたらされ、ほどなく漢字に置き換えられた。仏像も中央アジアから流入し、中国でもつくられるようになる。伝来直後に造像活動がはじまったことは最近の研究でわかってきたことである。ただ、そのときは一部の人が仏教に関心をよせただけで、普及するにはいたらなかった。なぜなのか？

理由はさまざまに考えられる。仏教が伝来したとき、中国の文化はすでに熟《う》れすぎなほどに成熟をとげていた。文字のなかった日本に仏教がもたらされたのとはまるで事情がちがう。今さら白紙の状態で受けとめることなどできはしない。しかも漢民族は自分たちの周辺にいる民族を「胡《こ》」と呼んでさげすんだ。胡とは「えびす」のこと。野蛮人をさして用いる言葉である。あらえびすが運びこんだ風俗習慣を、中華の民がただちに取り入れることなど考えがたい。

後漢に仏教が伝わってから二百年たち三百年たって、ようやく仏教は中国に浸透しはじめた。これはなぜなのか？

やはり理由はさまざまだが、ひとつには信仰する主体が異なるためだろう。

後漢が滅んだのち中国は三国に分裂した。そのあと西晋《せいしん》王朝がいっとき統一をなしとげたが、いくらもつづかず今度は南北に割れてしまう。中原《ちゅうげん》にいた漢民族は南へ押しやられ、長江の流域に落ちついた。一方、黄河の流域には異民族があいついで侵入し、いくつもの王朝を建てては滅び、滅んではまた建てた。

中原に侵入してきたのは、漢民族が胡と呼んではばからない人々である。彼らは中央アジアからやってきた。すでに中央アジアでは仏教がさかんに信仰されていた。その地の人々が中国へ移住して仏教をたっとんだとしても不思議はない。それが理由のひとつである。

もうひとつ考えられることは、月並みな言い方だが、まったく時代が変わってしまったからではないか。

国がいくつにも寸断され、王朝がいくたびも交代した。動乱の時代であった。今日は時めいていたものが明日には滅ぶ。そのさまを人々は目にした。世のなかにいつまでもありつづけるものはない。なにもかも変わりはててしまう……。そういう世のありさまは、仏教の経典が説くところを眼前に描いてみせるがごとくであったろう。

ここに仏教が人々の心に根をおろす大きなきっかけがあったのではないか。これは、漢人であろうと胡人であろうと変わりがない。

このようにして仏教は南北朝時代の中国にようやく根づきはじめた。中国人のものの考え方の片隅にしみこんだ、と言えるかもしれない。同じくこの時代に人々の心に浸透した道教とともに、仏教は中国人の生活にぬきさしならない影響をあたえていく。

それは征服だった

チュルヒャーの『仏教の中国征服』については第一章でふれた。この「征服」というタイトルはいささか大げさにひびく。だが原語は conquest である。ほかに訳しようがない。本のタイトルは字義どおり「仏教の中国征服」である。すでに高度な文明を有していた中国社会に外来の宗教が侵入をとげた。あまりに予想外であったその経過を明らかにすることが、この刺激的とも言える題名に託された意図であろう。

あるいはむしろ、これを刺激的と受けとること自体、私たちが南北朝時代における仏教の重要性を過小評価しているためかもしれない。中国に対しても仏教に対しても他者である欧米人からすれば、少なくともこの時代の中国は、まさしく仏教によって「征服」されたと見るのが順当なのか。

チュルヒャーはシンクレティズムという言葉は用いない。混淆を意味するハイブリディゼイション（hybridization）の語を用いる。そこではさまざまな信仰と実践とがまざりあっており、仏教とも道教とも呼び分けられないのが実態だという。

現代の宗教学者のなかには、シンクレティズムに意識的な融合という意味をあたえようとする動きもある。ベルギーのルーヴァン・カトリック大学で比較宗教史を講じたジュリアン・リース神父は、その意味で南北朝時代の仏教と道教のかかわりをシンクレティズムの好例と捉えている。それに対して、中国学者であるチュルヒャーがあえてハイブリディゼイションの語を用いるのは、意識的でない混淆としてこの現象を捉えたからだろう。おそらくは、それを受容した社会階層への視線が背後にあるのではないか。

のちにチュルヒャーの研究テーマは、一転して十七世紀の明代におけるイエズス会の布教活動に向けられる。四〜五世紀に仏教が中国社会にたしかな足跡をしるしたのに対し、キリスト教はそれほどの成果をあげることができなかった。そこではどのような人々が新しい信仰を受けいれ、どのような信仰集団が形成されたのか。――外来思想を受容した社会階層についてのこうした問題意識が、別の時代の別の宗教を素材として検証された。

ちなみにチュルヒャーの上述の書物は『仏教の中国伝来』というタイトルで邦訳されている。やはり「中国征服」ではなじまないらしい。彼の文章は歯ごたえがある。苦心の訳業のおかげでこの名著が日本語で読めることはありがたい（田中純男・成瀬良徳・渡会顕・田中文雄訳『仏教の中国伝来』せりか書房）。

モザイク的東アジア文化圏

春秋戦国時代と南北朝時代という偉大な創造の世紀のあとには、空間的拡大の時代がおとずれた。

秦の中国統一と隋による中国再統一である。

秦につづく漢、隋につづく唐は国力の充実と繁栄の時代であり、外へ向かって拡大していく好機であった。分裂の時代には内向する葛藤のなかから崇高な死生観や壮大な世界観が創出された。それが安定した統一社会のなかでいつしか古い伝統となっていく。やがてそれは拡大した空間のさらに周囲へともたらされたのである。

六一八年に唐王朝が成立した。律令制度を採用して支配の基礎を固め、多彩な文化をつくりあげた。それはただちに周辺地域にも波及し、東アジアの国々はあいついで唐にならって国家体制をととのえ、その先進文化を摂取した。

中国東北部に渤海《ぼっかい》国が、南西部に南詔《なんしょう》国が成立する。チベット高原に吐蕃《とばん》王国が、朝鮮半島に統一新羅《しらぎ》王朝が、日本列島に大和朝廷が成立する。

あたかも水面に波紋がひろがるように、中国を中心とした東アジア文化圏が形成されていく。——私たちはおおむねそのように理解している。しかし、そんな通念をゆるがしかねない発想も世のなかにはある。ジョルジュ・デュメジルが提唱した比較神話学を思い出してみたい。

この二十世紀フランスの鬼才は、インド・ヨーロッパ語族の神話のなかに、ある共通した特徴を見いだした。そこではつねに王と兵士と農民という三つの階層が登場し、それぞれが支配と戦闘と生産という社会的な機能を分かちもっている。このように三つのカテゴリーであらゆる事象を把握しようとする傾向は、インド・ヨーロッパ語族に特有なものであり、それが彼らのものの考え方の深層にまで浸透し、世界観や思考のありようを決定させている。──デュメジルはそう考えた。

言葉のみなもとを共有する民族のあいだでこそ思想や宗教について比較検討が可能だと、彼は強調する。なぜならその人々の考え方のなかには、かならずやある系統的なつながりがひそんでいるからだという。これはインド・ヨーロッパ諸語をあつかう比較言語学の伝統から導き出された構想と言えようか。デュメジルはソシュールの孫弟子にあたる。

中国語はチベット語やタイ語とともにシナ・チベット語族に属している。ベトナム語はオーストロアジア語族。日本語と朝鮮語の帰属については定説がないが、アルタイ語族ではないかとされる。なんにせよ中国語の言語系統には属していない。律令制度を採用し、漢字を用いてきた地域は、どこもかしこも言語の系統を異にしていた。もしもデュメジルの学説にしたがうなら、社会構造も思考回路もおたがい他人ということになる。いずれ考えてみたい問題である。

伝統中国のカウンターパート

南北朝時代の中国に侵入してきたのは、シナ・チベット語族には属さない民族であった。五つの胡族が十六もの国を建てたので、五胡十六国と通称される。もっとも「五胡」と言っても五つにかぎったわけではなく、「十六国」も数え方による。要するに十把一絡《じっぱひとから》げの呼び名である。やがてそのなかから鮮卑《せんぴ》族の北魏《ほくぎ》が、次々とまわりの国を滅ぼして華北を統一した。五世紀なかばのことである。

鮮卑族はトルコ系と考えられている。彼らが話す言葉はもちろん中国語ではない。砂漠を往来し、草原を馬で疾走する彼らの服装も髪の色も、中華の民とは異なっていたはずだ。

胡族の王朝である北魏は、国をあげて仏教を崇拝した。僧侶を統率する宗教長官を皇帝が任命し、僧侶は皇帝に敬礼する。皇帝の命令一下、国中に寺院が建立される。そのころ江南の漢民族王朝でも、僧侶に皇帝礼拝を強要した。しかし彼らはそんなものに屈しない。北と南ではたいそうなちがいである。

あるとき漢民族出身の大臣が、仏教をきらって鮮卑の皇帝をそそのかした。皇帝はしだいに道教に心をかたむけるようになり、そのあげく仏教廃絶の命令をくだした。中国仏教はじまって以来の大弾圧である。皇帝が没すると、ただちに新政府から仏教復興の詔《みことのり》が出された。ときの権力者によって宗教の盛衰さえ左右される。こうした体質までいつしか東アジアに浸透していく。

王羲之《おうぎし》と言えば、中国人にとって書の神様である。書聖と呼ばれる。豊潤《ほうじゅん》自在なその芸術を至上とする伝統は、今にいたるまで生きている。ところが、それとはおよそ異次元の書が北魏で生まれた。線はまっすぐでゆるみがない。点は鑿《のみ》で刻むがごとく、筆画の折りかえしは武《ぶ》張《ば》って金属音がひびいてくる。あらわれ出たのは無粋で剛毅で謹直な字姿。楷書がここに成立する。典雅で流麗で高慢な草書に対する、もうひとつの書のかたちである。

その後の中国において、なみいる小天才は誰もが王羲之ばりの字を書いた。しかし王羲之を乗りこえようとする孤高の大天才は、北魏の鎧《よろい》で身をかためて反逆をくわだてる。唐の顔《がん》真卿《しんけい》も北宋の蘇軾《そしょく》も清の趙之謙《ちょうしけん》もそうだった。そしてこれは書だけのことではない。朔風《さくふう》の吹きわたる中国北部を北魏が支配したのは、百年に満たない。しかし牢固《ろうこ》な伝統を打破しようとはかるとき、ワシ鼻をした胡族の先達が中国においてひとつの敵役《カウンターパート》として機能する。

牛橛造像記（龍門石窟）

新しい何かが続々と胚胎した場所であった。産みの苦しみに満ちた時代であった。

仏教の本来の教えにはない救世主としての弥勒が語り出され

たのも、この時代である。それは未曽有の社会不安や危機感を前提としている。そして同じような前提の上に、世界の危機を見すえ、そこからの救済のありかたを模索するさまざまな思想が、やはり五世紀から六世紀にかけて生まれる。やがてそれまでの仏教の立場を根本から批判した三階教《さんがいきょう》があらわれ、それを否定し乗りこえるように浄土教が勃興し、中国仏教における巨大な流れを形成していった。

中国とインドの対決

東アジアに中国の影響が波及していくその流れのなかから、やがてチベットはみずからの意志で離脱していく。これは現在の世界地図を見なおすうえで注意したいことである。チベットに吐蕃《とばん》王国が成立したのは六二〇年ごろと考えられている。

初代ソンツェン・ガンポ王は、唐とインドの両国に範をあおいだ。インドから仏教を輸入し、経典を翻訳するための文字をつくらせた。唐からも仏教を学び、王国支配のための政治制度を導入した。やがて唐の王室が皇女を降嫁させて和平をはかるほどに国力は充実する。

八世紀後半のティソン・デツェン王の時代になると、吐蕃は軍事大国となって唐と抗争をくりかえすにいたる。敦煌のある河西回廊から西域南道にまでその版図は拡大した。そのころ王は仏教を国教にしようとはかった。これがチベットの将来を大きく変えることになる。七七五年にはチベット仏教の根本道場となるサムイェ寺の建立がはじまった。

チベットが敦煌を陥落させたのは七八六年のこととされる。摩訶衍《まかえん》という禅僧が敦煌からまねかれた。禅僧はできたばかりのサムイェ寺に滞在して教えを説いた。皇后はじめ重臣の夫人らがあいついで帰依したという。この事態にインドの僧侶たちから抗議が寄せられた。摩訶衍の説く禅は仏教にあらずというのだ。対立は表面化して、ついには王の立ち会いのもとで両派が争うまでになった。

七九四年にティソン・デツェン王はインド仏教研究の中心地であったナーランダー寺から長老カマラシーラをまねき、摩訶衍と論争させた。争点はインド側の主張する漸悟説《ぜんごせつ》と中国側の主張する頓悟説《とんごせつ》の是非である。

漸悟とは、修行を段階的におこなって高次の境位にすすみ、漸《ようや》くに悟りに達することである。カマラシーラはインドの中観派《ちゅうがんは》の思想にもとづいてこれを主張した。一方の頓悟とは、修行の段階を経ることなく一切の分別を断じ、頓《たちま》ちに悟りに入ることである。摩訶衍はそのころ唐でさかんになっていた南宗禅の思想によってこれに対抗した。中国仏教は頓悟説に大きくかたむきつつあった。

中国の禅僧とインドの長老の論争はどちらに軍配があがったか。

仏教のまったき受容

論争はインド側の勝利であった。それは圧倒的であった。ほとんど勝負にもなっていない。論争にかかわった僧侶たちの学識の差もさることながら、そもそも勝負にならなかったのはそれなりの理由がある。

中国人は中央アジアを経て徐々にもたらされた仏教のなかから、彼らに理解できるものを選択し、儒教や道教と融合させ調和させて仏教をつくりかえていった。それは本書のなかでさまざまな角度からたどったとおりである。そこには本来の仏教とは似て非なるもの、場合によってはインド仏教の本質から逸脱するしろものができあがっていた。むしろ禅は浄土教とならんで中国仏教の精華と言ってよく、だからこそインド仏教からのへだたりもまた、はなはだしいと言わねばならない。

それがインドきっての碩学と仏教の真面目《しんめんもく》について論争しようというのである。勝負は最初から目に見えているではないか。

チベット人はインドから仏教を体系《システム》として導入した。おくれて成立した密教もふくめて、およそ仏教の総体《コーパス》をなす古今の教説を何ひとつそこなうことなく学習し、理解につとめた。この論争の二十年後には『翻訳名義大集《ほんやくみょうぎたいしゅう》』があらわされ、サンスクリット文献をチベット語に翻訳する際の訳語が統一された。ほどなく仏教経典の集大成である大蔵経《だいぞうきょう》の訳業もほぼ完成する。

これはやはり特筆すべきことと言わねばならない。日本人は仏教を受容したけれど、大蔵経の多くを国語に訳すことはしなかった。今なお僧侶が唱えるのは漢字だけの呪文のようなお経である。

チベットの文字は吐蕃王国の草創期にインドから仏教を導入すべくつくられた。それを用いたチベット訳はサンスクリット文献の逐語訳である。漢訳仏典が達意をむねとするがゆえに、省略や増幅さえ辞さなかったのとは大いに異なっている。チベット訳は翻訳としてきわめて忠実であるため、サンスクリットの原典がうしなわれた場合でもその内容を復原できるほどだという。

もちろん、つねにチベット仏教がインドにのみ範を求めたわけではない。中国製の疑経もいくつか訳されている。しかし大筋において、チベット仏教はインド仏教を継承した。やがてイスラームの擡頭《たいとう》とヒンドゥー教化の流れのなかで次第に衰退していく南アジアの仏教は、チベットにおいて新たな展開をとげることになった。

チベットの選択

このインドと中国の論争のことは昔からチベットで語りつがれてきたが、これを文献学的に実証したのがフランス東洋学の重鎮ポール・ドゥミエヴィルである。前の章に出てきたライシャワーの恩師である。

ドゥミエヴィルは一九五二年に『ラサの宗教論争』を発表した。摩訶衍の思想を伝える敦煌写本『頓悟大乗正理決《とんごだいじょうしょうりけつ》』に詳細な注釈をほどこしたうえで、インド側の史料との比較検討をおこない、これをもとに仏教史上の大問題の解明にせまった。

インド側の史料というのはカマラシーラの著作の漢訳本である。イタリア東洋学の巨匠ジュゼッペ・トゥッチは、そのサンスクリット原典を発見してドゥミエヴィル説を補強。一方で、論争のおこなわれた場所をラサではなく、上述のサムイェ寺であったと反論した。今日ではその場所はサムイェ寺の心生起菩提院《しんしょうきぼだいいん》とする説が有力である。とにかくもドゥミエヴィル畢生《ひっせい》の大著によって、古老の伝承のなかに埋もれていた事件が人文研究の対象として脚光を浴びたのである。

チベットの人々は、かくして中国ではなくインドの仏教を選択した。これは仏教だけにとどまることではなかった。チベットはみずからインド文化圏への接近を選択したのである。

古代の吐蕃王国はたしかに唐王朝との関係を維持してきた。しかしそれは一時のことにすぎない。やがて彼らは中国文化への傾倒を放棄した。これは彼らの自由な意志にもとづく選択であった。それは今日においても変わらない。チベットは一九五〇年の中国人民解放軍による侵攻以来、その支配をこうむっている。しかしチベットが中国の傘下にないことは、歴史がそれを証明している。

ダライ・ラマ十四世はインドに亡命し、チベットの僧侶の多くは海外に難をのがれた。フランスにも大勢が暮らしている。その教えに帰依するフランス人も少なくない。フランス人が目にする仏教の実体は、チベット仏教と言っても言い過ぎではない。

『ブータンに魅せられて』(岩波新書)をあらわした元フランス国立科学研究センターの今枝由郎《いまえだよしろう》氏が来日し、東京の日仏会館で講演したことがある。テーマはフランスのチベット研究であったが、チベット問題のかまびすしいときでもあり、かの国のフランスにおける意義についてもふれていた。とりわけ次の話が印象深かった。

いわく、フランス人にとってソクラテスやプラトンは偉大な哲学者である。それは言うまでもない。しかし彼らはもはや生きていない。チベットの僧侶たちもまた立派な哲学者である。そして彼らは生きている。生きた哲学、行動する人間の哲学がそこにあるという――。

それはフランス人にかぎらない。欧米人がチベット仏教に、ひいてはチベット人によせるシンパシーは、ここに由来するところもあるのではないか。そんなことを感じた次第である。

上古に学び、これを習う

フランスで大きな書店に行けば、仏教書はコーナーをつくるほどたくさん出ている。道教の本もなかなか多い。とくに『老子』の訳はペーパーバックをふくめていくつもある。それにくらべて儒教の本はほとんどない。『論語』の訳もついぞ見かけたことがない。片手落ちだぞ、西洋人！　儒教があるから道教があり、中国仏教があるのではないか。

では、その儒教にとって大事なものは何か。

それは孝である。

それは仁である。

それは礼である。

……ことのはじめはどれだろう。

孝は仁の本《もと》だと孔子みずから語っている。その孝を根幹とするところの仁に到達しうるのは、礼の実践を通じてである。孝にせよ仁にせよ、その実践は行為の規範である礼によらねばならない。礼はまた伝統にうらづけられるべきもの。戦国時代に諸子百家がならびたったなかで、上古の礼制を復興すると称して礼学を標榜《ひょうぼう》したのが儒家である（浅野裕一『孔子神話』岩波書店）。

上古の礼制はうしなわれてひさしい。それは聖人によってつくられたものとされる。礼のあるところにこそまことの文化がある。孔子にとってそれは端的に、周王朝さかんなりしときの文化をさした。孔子はたたえて言う。

郁々乎《いくいくこ》として文なるかな。吾は周に従わん。

あやなす文化の花があふれんばかりに香りたっていたという。その周の世を孔子はひたむきなまでに敬慕する。

孔子にとって、理想の社会とは遠い過去に存在したものである。未来にあるものではない。上古の帝王たちの時代こそ人倫の範型を求めるべきところ。人としてのあるべき姿とは、彼らが実現していたものにほかならない。これを「先王《せんのう》の道」という。それから後はことごとく堕落した時代である。先王の道の復活、上古への回帰こそが後世の人間のつとめである。しかもそれは中華の国においてのみ可能(!?)だと信じられている。

先王の道にならって、かつておこなわれていた礼を実習する。「学んで時にこれを習う」のである。そのつみかさねによる礼の実践を通じて、仁を会得する道がひらかれる。そうした実践活動のうちで根幹をなすのが孝である（白川静『孔子伝』中公文庫）。

儒教にとって大事なもの、それはつまるところ「先王の道」にしたがい、礼をおのが身に体することではないか。すべてはここから出発している。

古典がしみこんでいる子どもたち

先王の事跡を記した書物がある。それは孔子を奉ずる人々にとっての古典である。儒者とはこの古典を学んで生き方の規範とする人々である。

今では近代以前の文献をおしなべて古典と言うならいだが、昔の中国では限定されたものだった。先王によって実現された理想社会のありようを説いた書物が古典である。具体的には、『易』『書』『詩』『礼《らい》』『春秋』の五経《ごきょう》である。唐代までに儒教の古典は数を増やした。五経のうち『礼』を内容によって『周礼《しゅらい》』『儀礼《ぎらい》』『礼記《らいき》』に三分し、『春秋』を注釈によって『左氏伝《さしでん》』『公羊伝《くようでん》』『穀梁伝《こくりょうでん》』に三分した。これに『論語』『孟子』『孝経』『爾雅《じが》』を加えて十三経《じゅうさんぎょう》とする。まとめて経書《けいしょ》と呼ぶ。儒者の立場から古典と言うときは以上の書物をさす。それ以外はどんなに古くても古典とは言わない。

いずれ儒教社会に出仕を夢みる士大夫階級の子弟は、おさないときから勉学にはげむ。勉学とは古典の修得である。古典の意味内容を理解するのではない。一字一句をことごとく頭のなかにたたきこむ。そうやって完全無欠な古典データベースを脳にインストールしておく。そこから言葉を取りだし組みたて、文をつづる。詩をよむ。

幼少時から儒教の古典を心に刻みつけてきた彼ら。——じつは仏教経典の漢訳にたずさわり、これに注釈をほどこした中国生まれの人も、中国人のための仏教を模索して一宗を開いた人も、あるいは出家はしないまでも深遠な哲理にひかれ、慰藉《いしゃ》を求めて漢訳経典をひもとく人も、最大多数はそういう人々であった。彼らは文をつづるときも読むときも、古典の語彙《ごい》がおのずからにひらめき、語彙の裏にはりついている儒教的思惟《しい》がたちまちによみがえる。これは中国仏教の実像を考えるうえで忘れてはならないことだと思う。

☞恐れ入谷の鬼子母神

衝突、妥協、調和

儒教は社会においてあるべき人の道を説く。これを世間道と呼ぶ人がいる。仏教は生死のくりかえしからの滅却を理想とする。これは出世間道にちがいない。

これほどに正反対なふたつの道。これがまじわるなどということはおよそ考えられない。ここに仏教が中華世界に入りこんでいくうえでの大きな壁があった。

先祖の祭祀をなにより重しとする孝の社会に、出家をうながす教えが入ってきた。まるで不孝を奨励するようなものだ。儒教にとって仏教はなんとしても許容しがたい、どうしても阻止せねばならないしろものだったろう。

仏教は儒教と正面から衝突することもあえてした。しかし結局は、儒教と妥協して調和をはかる方向へかたむいていった。儒教との融合である。仏教の儒教化である。あるいは儒教的展開である。なかんずく孝との和解に腐心した。『盂蘭盆経』はその模範解答と言える。孝を仏教倫理として前面に押しだそうとする一途なこころみであった。

仏教はさらに道教の語彙や思惟を取り入れて中国に根づいていく。かたや道教も仏教の教義体系や教団組織に範をあおいで、宗教としての体裁を整備したのである。

宗教は儒教である？

ところで、本書の第一章で「儒教は宗教か」という問いをたてた。霊魂の実在を認めるがゆえにそれは宗教にほかならず、霊魂を祭祀するのはまぎれもない宗教行為である。そう結論づけた。

この問いを別の角度から検証してみたい。そのためには、まず「儒教は宗教か」というときの「宗教」とはそもそも何を意味するのか、というところから出発しなければならない。何をもって宗教と呼ぶべきか。——つまり宗教という言葉の定義がここでの論点となる。

「宗教」は古い言葉ではない。しかし「宗」という文字は古くからある。

「宗」のなかの「宀」は廟のかたち、「示」は神をまつる台とされる。廟のなかの祭壇に先祖をまつっている。これは祖廟にほかならない。そのものずばり、儒教のまつりを一字にかたどったもの。儒教こそは漢字「宗」の本質をなしている。

これに対し「宗教」は和製漢語とされる。近代になって西洋の言葉の訳語としてつくられ、これが定着して中国へ逆輸入された。

英語やフランス語のreligionのもとは古典ラテン語のreligio《レリギオー》である。実際の用例では「こまかさ」や「きまじめ」という意味が古い。homo religiosus《ホモ レリギオースス》と書いてあると、つい今の言葉にひきずられて「宗教的人格」などと訳したくなるが、古典文献のなかでは「誠実な人」くらいの意味である（キケロの著作にこの意味でたくさん出てくる）。他者に対しては「誠意」となり、自分に向けられると「良心」になる。神々に対するときは「おそれつつしむ心」であって、そこから「崇拝」の意味が生じた。

中世の教会ラテン語では、聖なるものへの「信心」や「礼拝」が一般的になり、よほど宗教行為に近づいてきた。「宗教」という抽象的な意味も古くからあるが、むしろ「信仰者」や「修道生活」という具体的な対象をさして用いることの方が多い。

近代の西洋諸語もこれを受けついでいる。抽象概念である「宗教」だけでなく「信仰生活」や「宗教実践」の意味でも用いられる。儒教も道教も、今どきの新興宗教もその範囲にふくまれるだろう。先祖の祭祀を絶やさぬよう自分の体を気づかう人は、まさしくhomo religiosusである。

こうしてみれば、儒教は宗教か否かという判断は、じつは「宗教」の定義に左右されていることがわかる。キリスト教の一部の神学者のように「超越者への絶対依存」など持ちだすと、こぼれ落ちてしまうものがたくさんある。

超越者による救済によりすがるのも宗教であるなら、人としての可能性を信頼し、みずからの力で自己実現をはかろうとするのも、たしかに宗教の一形態であるにちがいない。

それは草むしりのなかにある

仏教にとって大事なものは何か。

厖大な仏教経典のどこにそれが記されているのか。

経典が成立するのは釈迦の没後しばらくしてからである。釈迦の言葉をじかに書きとめたものはないけれど、人々の記憶のなかにある言葉が、あるとき文字に定着した。そのなかで、どれにもまして深く刻みつけられた言葉があるとすれば、それは人々にとって忘れることのできない場面と結びついていたにちがいない。

沙羅双樹《さらそうじゅ》のもと、死にのぞんで師は弟子たちに語った。


すべてのものは過ぎゆく。おこたらず努めよ。


永遠にありつづけるものなどない。……そんなむなしいだけの世のなかならば、努力をしても甲斐《かい》がない、とは考えない。むなしいからこそ努力せよという。そこが貴《たっと》い。

弟子たちとともに歩んできた師の生涯と、そのときどきに語られた言葉の数々が、最後にのこされたこの小さなメッセージから逆に照らしだされていった。

これを書きとどめた経典、すなわち釈迦の最期を語ったそれは、仏教経典のなかでもっとも古いもののひとつと考えられている。パーリ語の『マハーパリニッバーナ・スッタン

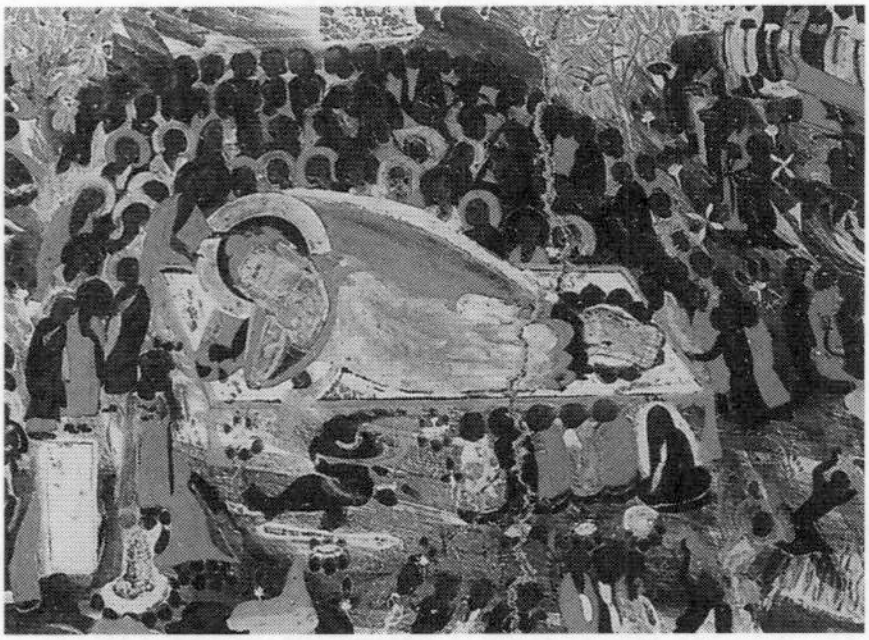

釈迦涅槃図（敦煌莫高窟）

タ』、訳せば『大いなるまったき消滅の経』である。
世のむなしさを悟る。悟りを得るとは、真理にめざめることである。真理にめざめた者、すなわちブッダとなった釈迦は、人々がいつか真理にめざめることができるように、そのはるかな道程を示しつづけた。そして沙羅双樹のもとでみずからの生を終える。そのときついに、生と死のかぎりないくりかえしから解放され、もはや二度と生まれ変わることのない完全な消滅《ニッバーナ》に到達した。サンスクリットでは「ニルヴァーナ」、漢字に写して「涅槃《ねはん》」、意訳して「寂滅《じゃくめつ》」という。ろうそくの炎が消えるように、まっくらな静けさがおとずれた。寂滅の成就である。

そこにいたるまでには途方もない時間と、そして想像を絶する修行が必要だった。二千数百年前に釈迦がブッダになってからあと、誰もそこに到達できたものはいない。悟りを得てブッダになった人は、今にいたるまでインドにはいない。

しかし中国では悟りはたちまちに得られるようになった。真理は遠い時間のかなたにあるものではない。それはありきたりな日常のなかにある。普段の生活のなにげない所作のなかにこそある。

中国の禅僧は、庭の草をむしりながら、蕪菁《かぶら》を切りながら、それを探し求めていく。水を汲むのも修行である。廊下を拭くのも修行である。

仏教は生活のなかの宗教になった。

転変する世界の肯定

道教にとって大事なものは?

『老子』の思想の根幹をなすものは「道」である。だが『老子』のなかで「道」とはこれで、あると語られることはたえてない。かえって言葉を尽くして「道」とはこれこれのようだと語られる。

「道」とはからっぽの容れ物のようである。いくら水を汲み入れてもいっぱいにならない。底知れぬ淵のようであり、そこからあらゆるものがはじまる。それは深く水をたたえて静まりかえっている。それが何から生まれたのかはわからないが、どうやら天帝より先にあるものらしい。

それは万物を生みだす根源を思わせる。「道」は「天」のような高みにある存在ではない。しかし「天帝より先に」あるという。これは「天」を至高の原理とする思想を前提とし、これを凌駕すべく語り出された言葉にちがいない。したがって、その後発であることをはからずも示している。

「道」は言葉で定義することも、論理によって本質にせまることもできない。けれども、限定されてないからこそ無限に変化する可能性を持っている。いつまでもありつづけながら、あらゆるものを生成し変化させることができるのだ。

そのような変幻自在な「道」に働きをあたえるもの、それは「気」である。

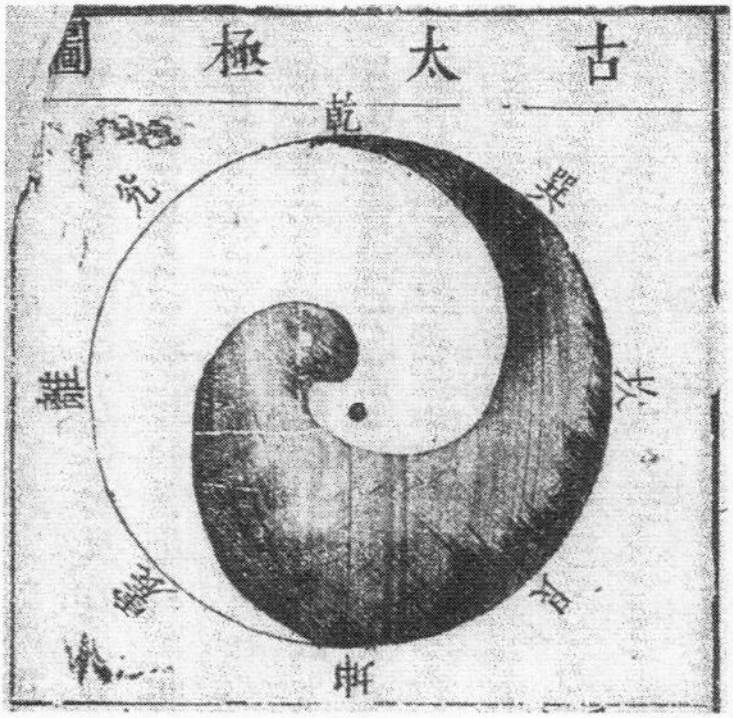

古太極図（『図書編』明天啓刊本）

「気」は目に見えない。取りだすこともできない。しかしそれが動くことによって、ものに働きが生じる。血液が血気となって流動するとき、活力がめばえる。血液は目に見えるが、血気は目に見えない。だが人を活《い》かすのは血気である。元気である。気力である。

漢民族は古来、あらゆるものに潜在するこのような活力の根源を模索してきた。「気」という観念は中国思想のいわば通奏低音をなしており、道家の「道」の哲学をも包括していく。「道」は「気」によって働きを得るものとなり、やがて「道」と「気」の同質性が主張される。ついには「道気」という一体の観念さえあらわれた。

人体のなかに気の流れる経路（これを漢方では経絡《けいらく》と呼ぶ）があるように、大地にも気の流れる地脈がある。場所によって気はさかんになり、わだかまり、ふさぎこむ。これを見さだめて都市や住居や墓地の立地に応用するのが風水である。人々が活気に満ちた生をいとなみ、亡くなったのちはやすらかに眠ることをめざしている。そうした探求の歴史は紀元前にまでさかのぼり、その影響は韓国やベトナムや古代の日本にもおよんだ。

気は陰と陽のふたつに分かれていき、陰気と陽気はときに交代する。陰が陽に転じ、陽が陰に転じる。それは善悪の二元論とは異なる。あいいれることのない対立概念ではない。西洋の悪魔は天の秩序からまったく疎外されている。彼らには悔い改めの機会すらあたえられない。ところが陰陽の王国では、鬼も神に転じる。世のなかは転変する。それを目に見えるかたちであらわしたのが、あの太極図である。

牛乳をそのまま飲む人

英文『北京好日』で知られる林語堂《りんごどう》がアメリカで出版した中国文化論がある（鋤柄治郎訳『中国＝文化と思想』講談社学術文庫）。

儒教は中国人を満足させることができたのか、と彼は問う。答えは「満足させることができたとも言えるし、できなかったとも言える」だという。もし満足させることができたなら、仏教も道教も中国で受けいれられる余地はなかったはずだから。

たしかに儒教がとなえる道徳や教訓は、「官服を着た階級にも官服を着た階級に叩頭《こうとう》する階級にも適合するもの」であろう。しかし、この広い世間には「官服を着ることも官服を着た階級に叩頭することも望まない人間」がいる。儒教はこうした人々の心をつかまえることはできない。

なぜなら儒教の教義はあまりに正統であり、緻密すぎて、人間の内奥にひそむ放蕩不羈《ほうとうふき》への欲望をゆるさないからである。儒教は文明社会における制度と秩序を宣揚してやまない。道教はそれに疑念を表明する。林語堂いわく、「儒教は偉大なる肯定であり、道教は偉大なる否定である」と。

さらにたとえて言う。儒家が牛乳を飲むときは、販売許可を受けて消毒された製品を選ぶ。しかし道家は、何の加工もされていないしぼりたての牛乳をじかに飲む。彼らは営業許可証や消毒設備のような人為を否定する。人の手を経た牛乳はもはや自然の香りをうしなっている。それどころか金銭の匂いすらただよわせている。「衛生部の役人は牛乳を飲む者の健康を腸チフスなどの汚染から守りはするが、文明社会の汚染から守ることはできない」――なるほど、と納得してしまう話だが、このなかで道家の思想がやや素朴に理解されすぎている気もする。

老子が唱えた自然の尊重は、そっくりそのまま原始の賛美として理解してよいのか。これについては加地伸行《かぢのぶゆき》氏が、儒教研究の立場から疑問を表明している。『儒教とは何か』(中公新書)によれば、老子は孔子が賛嘆してやまない人工的世界を批判するために、むしろ逆説として自然的世界を持ち出してきた。原始の自然的世界からいったん人工的世界となった現在に対する否定なのである。それは「人工的世界重視を一度経てきた自然的世界重視であり、単なる原始的自然の世界の賛美ではない」という。

さかしらな人為に対立する、ありのままの自然の尊重である。つまり自然の再評価と言うべきものであって、あくまでも儒家の提言を前提にしたうえでの反対意見にほかならない。

儒教があるところにその否定としての道教の意味がある。それは東アジアの仏教にとっても同じことが言える。

許容されるシンクレティズム

お盆のあとで精霊《しょうりょう》流しをするところがある。灯籠《とうろう》を小さな舟にのせて川や海に流し、先祖の霊を送る。灯籠にはさまざまな模様や文字が描かれる。カトリックの信者が数多くいる西日本のある地方では、十字架をしるした灯籠を流すそうである。いつか行ってみたい。

夏の夕闇、川面《かわも》にいくつものあかりがゆれている。この世ではもう会うことのない人のたましいが、小さな十字のともしびとなって流れていく。どんなにかなつかしく、かなしく、美しい光景だろう……。

私たちはシンクレティズムという現象をどこまで受けいれてきたか。

多様なものの共存、雑然としたもの同士の共生、異質なものを受けとめていくことへの共感。——東アジアは長い歴史のなかでそういう実験をくりかえしてきた。

ヨーロッパにおいてはヘレニズムとヘブライズムが対峙《たいじ》している。精神世界をかたちづくるふたつのピラミッドが屹立《きつりつ》している。もちろん底辺は別々である。じつは部分集合のようにかさなりあうところはある。しかし、東アジアの三大ピラミッドのようにただひとつの底辺を共有しているわけではない。

そこからあらわれてくる思想空間の様相はたがいに異なっている。それはモードのちがいと言ってよい。

「モード」は最先端のファッションや流行の型を意味する言葉だが、哲学の世界では「実体のあらわれ方」、つまり様相について語るとき用いられる。本書のはじめに「シンクレティズムこそ宗教の現実の姿ではないか」と書いたのは、この意味でのモードにほかならない。事実は、東西のいずれもがシンクレティズムにまみれているはずだ。東アジアの思想空間ではそういうモードは許容されている。ヨーロッパではかならずしも許容されていない。

東アジア思想空間モデル誕生！

道教は現世での幸福に執着する。仏教は現世への執着を絶つべしという。かほどに道教と仏教とはあいいれない理想をかかげている。そのはずなのに両者は人々の生活のなかで、とりわけ奥底でひとつにつながっている。表と裏をなしている。それもこれもにらみつけながら儒教がデンと居すわって、二十一世紀になっても立ち去る気配はない。儒・仏・道がまるで太極図を三つ巴《どもえ》にしたようにからみあっている。境目では絵の具がじわじわしみあって輪郭線はにじんでいる。円のまわりにまではみ出しそうだ。そのうちに三つ巴がぐるぐるまわりだす。じっと見ていると目がまわる。いつしかひとつの色にとけあっていく。

これこそが東アジア思想空間のかたちではないか。

原本あとがき

講談社の山崎比呂志さんが大学の研究室をたずねてきたのは、一冊の本がきっかけだった。

二〇〇五年に東京で国際宗教学宗教史会議が開かれた。そこで「道教研究の最先端」というパネルが企画され、研究発表と討議がおこなわれた。そのとき筆者は思想部会のコメンテーターをつとめた。個々の研究発表の内容をわかりやすくまとめ、思想史研究の文脈のなかに位置づけることがあたえられた課題である。

その後、このパネルの報告論文集が刊行されたとき、企画にたずさわった先生方のご厚意で筆者のコメントもそこに掲載された（堀池信夫・砂山稔編『道教研究の最先端』大河書房）。この論文集を山崎さんが読んで、筆者に声をかけてくれたのである。さまざまな領域の研究をとにかく嚙みくだいてみたというだけの文章だが、それに目をとめてもらえたのは、じつはとてもうれしかった。

本の内容もタイトルも山崎さんのアイデアそのままで書くことにした。もちろん筆者にとっては無謀このうえないことである。儒教も仏教も道教もどれもたいへんな研究の蓄積があり、そのひとつひとつをこまかく見ていくための本はたくさんある。でも、ときには突きはなすようにして、できるだけ遠くから俯瞰《ふかん》するのもひとつの方法かもしれない。

第一章で紹介したピラミッドのモデルで考えると、そびえたつ頂点は少数のエリートのための儒教であり仏教であり道教であろう。しかし底辺のシンクレティックな部分は大多数の人々が共有する部分である。本書でとりあげた自然観や死生観、呪いや救世主信仰などはピラミッドの下の方でもつれあい、もたれあっている典型ではないか。それならば、三つの宗教を個々別々に考えるよりも、まとめて見わたした方がわかりやすいときもある。それをめざして書いてみた。

本ができたのはひとえに山崎さんのおかげである。感謝の思いでいっぱいです。

二〇〇八年九月

菊地章太

文庫版あとがき

信仰であれば、ただこのひとすじにつながる、という道筋がたっとかろう。宗教について思いをめぐらすときは、あれもこれも、という方向があってよいと思う。筆者は『ユダヤ教キリスト教イスラーム――一神教の連環を解く』（ちくま新書）のなかで、西アジアで生まれたユダヤ教からキリスト教とイスラームが分かれ出たありようをたどった。いずれも根はひとつである。それなのに三者は歴史の表層において融合することがない。根っこをたがえながらも、まじわりを重ねてきた東アジアの諸宗教とは、いたって対照的である。こうした変化は、さまざまな宗教事象を見わたして、ようやく感じ取ることができた。

本書は二〇〇八年に選書メチエとして刊行された同じタイトルの書物を文庫にしたものである。前著は何度も増刷されたので、お読みくださったみなさまにお礼を申しあげたい。

そのおりの感想のなかに、むずかしいことが書いてあるかと思いきや、しろうとの自分でも読了できたと書いてくださった方がある。なによりありがたかった。話題があちこち飛ぶのは悪いクセだが（大学でもいつも学生から言われる）、そこがおもしろいと書いてくださった方もある。

儒教や仏教や道教について知りたいなら、ほかにいい本があるという意見もあった。それはそのとおりである。儒教を研究している人、仏教を研究している人はたくさんいる。道教を研究している人も増えてきた。専門の先生方がきちんとした本を書いている。ただ、その方々は三つまとめてなどという本は書かないだろう。はなれたところから大づかみに捉えることで見えてくるものもあるのではないか。前著はそんなひとつの試みである。

講談社学芸部の青山遊さんがこの大づかみなところに目をとめて、文庫にすることを勧めてくださった。勉強不足がたたって、加筆よりも訂正の方が多いくらいだが、話題があちこち飛ぶところは、図に乗ってすこし書き足した。青山さんから貴重な助言をたくさんいただいた。前著の編集を手がけた山崎比呂志さんともども心から感謝いたします。

二〇二二年三月

菊地章太

ま

や

ら

は

な

た

さ

か

索引

あ

KODANSHA

本書の原本は、二〇〇八年に講談社選書メチエより刊行されました。

菊地章太（きくち　のりたか）

1959年，横浜市生まれ。筑波大学大学院博士課程中退後，フランス・トゥールーズ神学大学高等研究院（現，Institut Catholique de Toulouse）留学。現在，東洋大学教授。比較宗教史専攻。博士（文学）。著書に，『道教の世界』『神呪経研究』『東アジアの信仰と造像』『位牌の成立』『弥勒信仰のアジア』『老子神化』『葬儀と日本人』，訳書に，シャヴァンヌ『古代中国の社』『泰山』など。

講談社学術文庫

定価はカバーに表示してあります。

儒教《じゅきょう》・仏教《ぶっきょう》・道教《どうきょう》
東《ひがし》アジアの思想空間《しそうくうかん》
菊地《きくち》章太《のりたか》

2022年５月10日　第１刷発行

発行者　鈴木章一
発行所　株式会社講談社
東京都文京区音羽2-12-21 〒112-8001
電話　編集（03）5395-3512
販売（03）5395-4415
業務（03）5395-3615
装　幀　蟹江征治
印　刷　株式会社広済堂ネクスト
製　本　株式会社国宝社
本文データ制作　講談社デジタル製作

ISBN978-4-06-528134-5

「講談社学術文庫」の刊行に当たって

これは、学術をポケットに入れることをモットーとして生まれた文庫である。学術は少年の心を養い、成年の心を満たす。その学術がポケットにはいる形で、万人のものになることは、生涯教育をうたう現代の理想である。

こうした考え方は、学術を巨大な城のように見る世間の常識に反するかもしれない。また、一部の人たちからは、学術の権威をおとすものと非難されるかもしれない。しかし、それはいずれも学術の新しい在り方を解しないものといわざるをえない。

学術は、まず魔術への挑戦から始まった。やがて、いわゆる常識をつぎつぎに改めていった。学術の権威は、幾百年、幾千年にわたる、苦しい戦いの成果である。こうしてきずきあげられた城が、一見して近づきがたいものにうつるのは、そのためである。しかし、学術の権威を、その形の上だけで判断してはならない。その生成のあとをかえりみれば、その根は常に人々の生活の中にあった。学術が大きな力たりうるのはそのためであって、生活をはなれた学術は、どこにもない。

開かれた社会といわれる現代にとって、これはまったく自明である。生活と学術との間に、もし距離があるとすれば、何をおいてもこれを埋めねばならない。もしこの距離が形の上の迷信からきているとすれば、その迷信をうち破らねばならぬ。

学術文庫は、内外の迷信を打破し、学術のために新しい天地をひらく意図をもって生まれた。文庫という小さい形と、学術という壮大な城とが、完全に両立するためには、なおいくらかの時を必要とするであろう。しかし、学術をポケットにした社会が、人間の生活にとってより豊かな社会であることは、たしかである。そうした社会の実現のために、文庫の世界に新しいジャンルを加えることができれば幸いである。

一九七六年六月　　野間省一